本书得到国家自然科学基金项目（NO. 42101282）、湖:
（NO. 2024AFB952）和湖北省社科基金项目（NO. HI
及华中师范大学公共管理学院的资助

经济管理学术文库·管理类

生态文明建设背景下
三生空间功能权衡与格局优化

Functional Trade-offs and Pattern Optimization of
Production-Living-Ecological Spaces under
Ecological Civilization Construction

刘　超／著

经济管理出版社
ECONOMY & MANAGEMENT PUBLISHING HOUSE

图书在版编目（CIP）数据

生态文明建设背景下三生空间功能权衡与格局优化 / 刘超著. -- 北京：经济管理出版社，2025. 6. -- ISBN 978-7-5243-0348-0

Ⅰ. F129. 963. 3

中国国家版本馆 CIP 数据核字第 2025FH1813 号

组稿编辑：杨　雪
责任编辑：杨　雪
助理编辑：王　慧
责任印制：张莉琼
责任校对：王淑卿

出版发行：经济管理出版社
　　　　　（北京市海淀区北蜂窝 8 号中雅大厦 A 座 11 层　100038）
网　　址：www. E -mp. com. cn
电　　话：(010) 51915602
印　　刷：唐山玺诚印务有限公司
经　　销：新华书店
开　　本：720mm×1000mm/16
印　　张：10. 75
字　　数：202 千字
版　　次：2025 年 6 月第 1 版　　2025 年 6 月第 1 次印刷
书　　号：ISBN 978-7-5243-0348-0
定　　价：79. 00 元

前　言

　　生态文明建设是当今社会发展中的重要议题，它不仅关系到经济、社会的可持续发展，还特别强调人与自然的和谐共生。国土空间具有生产、生活、生态等多功能属性，是新时代高质量发展和生态文明建设的物质资源和空间支撑，其开发与保护关乎到国家治理体系和治理能力现代化的实现。随着城市化进程的加快，如何有效协调生态、生产、生活三大空间功能，避免三者之间的冲突，实现空间资源的高效利用和生态环境的保护，已成为我国政府及学术界关注的关键科学议题。在生态文明建设和"三生空间"规划相融合的背景下，生态国土建设的目标是改变国土资源粗放利用及环境破坏的开发模式，促使国土资源在经济价值实现的同时转向"绿色化""生态化"利用的过程，进而实现经济社会建设与生态保护的融合发展。构建城镇发展与生态保护相协调的国土空间开发保护格局是推进生态国土建设、完善国土空间治理体系的新要求，是转变并提升区域协调发展模式与质量的迫切需求，更是保障主体功能区规划落实、促进生产生活方式绿色转型的关键举措。

　　在生态文明建设的新时代背景下，丘陵山区既面临优化产业结构、改善基础设施和发展特色经济等迫切需求，又担负着支撑全国生态涵养和保障可持续安全的重任，国土空间开发面临着生态保护与经济社会发展之间的多目标权衡问题。丘陵山区是践行"两山"理论的重点对象，也是推进新型城镇化的突破口。因此，丘陵山区成为生态文明建设背景下"三生空间"功能权衡与格局优化研究的天然场所，可为全国乃至全球合理开发国土资源，实现经济、社会和环境的协调发展提供科学依据。本书选取位于鄂西北丘陵山区的襄阳市作为案例区展开具体研究，可为襄阳市及类似地区的国土空间开发与保护协同建设提供案例借鉴。

本书面向生态文明建设与乡村振兴等战略需求，聚焦于鄂西北山区国土资源开发与保护等一系列问题进行研究。本书是国家自然科学基金项目"鄂西北山区土地利用功能权衡机理与分区优化研究"（NO. 42101282）、湖北省自然科学基金项目"城乡融合视域下鄂西北山区乡村生产空间之重构：效应、机理与路径研究"（NO. 2024AFB952）和湖北省社科基金项目"保护与开发双重视角下鄂西北丘陵山区'三生'功能权衡：机制、效应与优化研究"（NO. HBSKJJ20233271）的部分研究成果，以期助推国土空间精细化治理与高质量发展的实现。本书由刘超负责项目方案的设计、实施和关键环节研究及本书的总体设计与统稿，内容共包括9章。第1章介绍了本书的研究背景与意义、国内外研究进展，以及研究方案和创新之处。第2章基于人地系统耦合理论、比较优势理论和空间均衡理论等，构建了面向生态国土建设的"三生"功能权衡机制理论分析框架，建立了"三生空间"协调优化技术框架。第3章和第4章以襄阳市为案例区，收集了案例区多源数据并对其进行网格化处理，综合测度了三生功能权衡与协调性特征并系统刻画了其空间格局，阐明了三生功能在时空场域中的互动关系。第5章剖析了生态国土建设对三生功能权衡的影响机制，即城镇化与生态保护对三生功能权衡过程的交互影响作用。第6章和第7章揭示了人口、经济和土地城镇化对三生功能协调性的影响并对不同地形区的阈值进行了识别与比较，评估了植被覆盖变化对三生功能协调性的影响并对不同主体功能区的阈值进行了识别与比较。第8章和第9章为推动面向生态国土建设的"三生空间"格局优化的有效落地，建立了基于功能强弱的"三生空间"识别与优化技术方法体系，提出了梯度差异化、协调发展等优化调控机制。

本书不仅是对我国生态国土建设实践的总结，彰显了国土空间功能权衡与格局优化研究在生态文明建设中所起的战略性作用，更为当前及未来的国土空间治理及人与自然和谐共生的可持续发展目标提供了深刻的理论洞察与可操作的实践指南。在此，希望通过本书的出版能够激发更多学者和政策制定者关注生态文明建设与空间规划的有机融合，推动我国城市可持续发展迈向更高水平。

在本书的写作过程中，衷心感谢卢新海、许月卿、张祚、梁迅、程龙和杨清可等几位老师给予的帮助与支持。同时，也衷心感谢纪旭、郝美晶、汤妮文等在数据收集、文献整理和技术支持方面的辛勤付出。

刘　超

2024 年 11 月

目　录

1 绪论 ……………………………………………………………… 1

　　1.1　研究背景与意义 ……………………………………… 1
　　　　1.1.1　研究背景 …………………………………… 1
　　　　1.1.2　研究意义 …………………………………… 6
　　1.2　国内外研究进展 ……………………………………… 6
　　　　1.2.1　土地利用功能研究 ………………………… 6
　　　　1.2.2　三生功能研究 ……………………………… 11
　　　　1.2.3　三生空间研究 ……………………………… 13
　　　　1.2.4　生态国土建设研究 ………………………… 18
　　　　1.2.5　研究进展述评 ……………………………… 20
　　1.3　研究方案 ……………………………………………… 21
　　　　1.3.1　研究目标 …………………………………… 21
　　　　1.3.2　研究内容 …………………………………… 22
　　　　1.3.3　研究方法 …………………………………… 23
　　　　1.3.4　研究思路与技术路线 ……………………… 24
　　1.4　创新之处 ……………………………………………… 27

2 理论基础与分析框架 ………………………………………… 29

　　2.1　相关概念解析 ………………………………………… 29
　　　　2.1.1　三生功能 …………………………………… 29

2.1.2　三生功能权衡 ·· 31

　　　2.1.3　三生空间 ·· 32

　　　2.1.4　生态国土建设 ·· 33

　　2.2　相关理论基础 ·· 34

　　2.3　三生功能权衡的城镇化与生态保护交互影响框架 ············ 37

　　2.4　三生空间格局协调优化框架 ·· 40

3　研究区概况与数据处理 ·· 42

　　3.1　研究区概况 ·· 42

　　　3.1.1　自然地理环境 ·· 42

　　　3.1.2　城镇化发展 ·· 43

　　　3.1.3　生态建设状况 ·· 45

　　　3.1.4　土地利用现状 ·· 46

　　3.2　数据来源与处理 ·· 48

　　3.3　本章小结 ·· 49

4　三生功能权衡时空演化特征 ·· 51

　　4.1　研究方法 ·· 51

　　　4.1.1　三生功能测度 ·· 51

　　　4.1.2　三生功能协调性测度 ·· 54

　　　4.1.3　三生功能权衡/协同关系测度 ·································· 55

　　4.2　三生功能时空变化分析 ·· 56

　　4.3　三生功能协调性特征分析 ·· 57

　　4.4　三生功能权衡特征分析 ·· 58

　　　4.4.1　三生功能权衡总体变化特征 ···································· 58

　　　4.4.2　三生功能权衡空间变化特征 ···································· 59

　　4.5　本章小结 ·· 60

5　生态国土建设对三生功能权衡的影响机制 ································ 62

　　5.1　研究方法 ·· 62

　　　5.1.1　三生功能权衡/协同关系测度 ················· 62

　　　5.1.2　城镇化水平测度 ····························· 62

　　　5.1.3　生态保护水平测度 ························· 63

　　　5.1.4　空间误差模型 ····························· 64

　　5.2　城镇化和生态保护对三生功能权衡的影响机制分析 ······ 65

　　　5.2.1　城镇化和生态保护因素对生产–生活功能权衡的

　　　　　　影响 ································· 65

　　　5.2.2　城镇化和生态保护因素对生产–生态功能权衡的

　　　　　　影响 ································· 66

　　　5.2.3　城镇化和生态保护因素对生活–生态功能权衡的

　　　　　　影响 ································· 67

　　5.3　城镇化和生态保护对三生功能权衡的交互影响机制 ······ 68

　　5.4　本章小结 ···································· 70

6　城镇化对三生功能协调性的影响阈值效应 ················ 72

　　6.1　研究方法 ···································· 72

　　　6.1.1　三生功能协调性测度 ··················· 72

　　　6.1.2　城镇化水平测度 ····················· 72

　　　6.1.3　分段线性回归 ······················· 73

　　6.2　城镇化空间格局特征 ························· 74

　　6.3　不同城镇化模式对三生功能协调性的影响阈值 ·········· 75

　　6.4　不同地貌条件下的城镇化对三生功能权衡的影响阈值 ······ 77

　　　6.4.1　岗地平原地区城镇化对三生功能协调性的影响阈值 ····· 77

　　　6.4.2　低山丘陵地区城镇化对三生功能协调性的影响阈值 ····· 79

　　　6.4.3　山地地区城镇化对三生功能权衡的影响阈值 ······ 80

　　6.5　城镇化对三生功能协调性的影响机制 ··············· 82

　　6.6　本章小结 ···································· 84

7　植被覆盖对三生功能协调性的影响阈值效应 ··············· 85

　　7.1　研究方法 ···································· 85

7.1.1 三生功能协调性测度 ·········· 85

7.1.2 像元二分模型 ·········· 85

7.1.3 相关性分析 ·········· 86

7.1.4 弹性系数 ·········· 86

7.2 植被覆盖的空间分布特征 ·········· 87

7.3 植被覆盖对三生功能协调性的影响 ·········· 88

7.3.1 植被覆盖与三生功能协调性的关系 ·········· 88

7.3.2 植被覆盖对三生功能协调性的影响阈值 ·········· 89

7.4 不同主体功能区的植被覆盖对三生功能协调性的影响阈值 ·········· 92

7.4.1 重点开发区域植被覆盖对三生功能协调性的
影响阈值 ·········· 92

7.4.2 农产品主产区植被覆盖对三生功能协调性的
影响阈值 ·········· 94

7.4.3 重点生态功能区植被覆盖对三生功能协调性的
影响阈值 ·········· 96

7.5 基于植被覆盖影响阈值效应的生态系统修复 ·········· 98

7.6 本章小结 ·········· 100

8 基于功能强弱对比的三生空间优化调控 ·········· 101

8.1 研究方法 ·········· 101

8.1.1 三生功能强弱关系测度方法 ·········· 101

8.1.2 三生空间识别方法 ·········· 105

8.1.3 三生空间优化思路 ·········· 106

8.2 三生空间演化特征分析 ·········· 107

8.2.1 三生空间识别结果 ·········· 107

8.2.2 三生空间数量变化 ·········· 108

8.2.3 三生空间格局时空变化 ·········· 109

8.2.4 三生空间地形梯度变化 ·········· 110

8.3 三生空间优化方案 ·········· 115

8.4 与襄阳市主体功能区规划的比较 ·········· 118

8.5 三生空间优化保障体系 ·· 120

    8.5.1 建立因地制宜、精准施策的梯度差异化机制 ············ 120

    8.5.2 建立功能融合、"四区"联动的协调发展机制 ·········· 121

8.6 本章小结 ·· 123

9 结论与政策建议 ··· 125

9.1 主要结论 ·· 125

9.2 研究不足与展望 ·· 127

9.3 政策建议 ·· 128

    9.3.1 科学规划下进行分区管理 ····························· 129

    9.3.2 三产融合促进功能协调 ······························· 130

    9.3.3 政府主导下鼓励多方参与 ····························· 131

参考文献 ·· 133

1　绪论

1.1　研究背景与意义

1.1.1　研究背景

（1）构建城镇发展与生态保护相协调的国土开发保护格局是生态国土建设的新要求

我国长期以来始终坚持节约资源、保护环境和保护耕地的基本国策。然而，随着城镇化快速推进和乡村转型发展，土地的不合理开发与利用，以及高资源消耗和高污染排放的粗放式城镇建设，导致生产和居住空间无序发展、生态空间被严重破坏（刘纪远等，2014；彭建等，2020）。协调人与人、人与自然的关系，实现人与自然的和谐发展，是国土空间统筹优化的根本目标（付晶莹等，2022）。在党和国家的高度重视下，国土空间生态保护和修复工作备受关注。在党的十八届五中全会上，习近平同志提出了创新、协调、绿色、开放、共享"五大发展理念"，将绿色发展作为关系我国发展全局的一个重要理念，作为"十三五"乃至更长时期我国经济社会发展的一个基本理念。党的二十大报告提出了要提升生态系统多样性、稳定性和持续性，以及加快实施重要生态系统保护和修复重大工程。"十四五"规划明确了生态保护和绿色可持续发展的要求，提出要推进生态修复和功能完善工程。这对国土空间格局优化提出了生态环境保护、资源合理利用和经济社会可持续发展相结合的开发与保护兼顾、绿色与发展融合的新要求（李代超等，2022）。

国土空间具有生产、生活、生态等多功能属性，是新时代高质量发展和生态文明建设的物质资源和空间支撑，其开发保护关乎国家治理体系和治理能力现代化的实现（林坚和赵晔，2019）。生态国土建设的目标是改变国土资源粗放利用及环境破坏的开发模式，促使国土资源在经济价值实现的同时转向"绿色化""生态化"利用的过程，进而实现经济社会建设与生态保护的融合发展。其中，统筹资源开发与生态保护的关系，并将生态保护置于优先地位是生态国土建设的基本原则之一（陈从喜等，2018）。在生态文明建设的大时代背景下，如何在国土空间开发过程中协调好城镇建设和生态环境保护，无疑是一项重大挑战。党中央、国务院高度重视生态国土建设，将生态文明理念纳入国土空间开发范畴，要求转变片面偏向开发而轻忽保护的传统思维，坚持国土空间开发与资源环境承载力相适应（白中科等，2019；Ouyang et al.，2021），实现生态保护与城镇建设的协同推进。因此，构建城镇发展与生态保护相协调的国土开发保护格局是完善国土空间治理体系的新要求，是转变并提升区域协调发展模式与质量的迫切需求，已成为我国政府及学术界备受瞩目的关键科学议题。

（2）探明三生空间功能权衡的影响机制与阈值效应，是实现区域可持续发展的重要议题

可持续发展已成为全球范围内普遍追求的目标与战略。联合国可持续发展目标（SDGs）设定了可持续城市与社区、负责任的消费和生产等新目标，旨在实现社会、经济和生态的全面协调可持续发展。国土空间的合理开发和生态环境的良好保护是实现可持续发展的基础。然而，在经济利益的驱动下，不合理的土地利用方式加剧了生产空间、生活空间与生态空间之间的矛盾与冲突，不仅使生态功能不断被削弱，而且导致了生产和生态空间之间的矛盾日益凸显。在这种情况下，三生空间结构紊乱、三生空间功能失调等一系列"负效应"凸显（Seto et al.，2017；Zhang et al.，2019）。随着城镇化与工业化进程的加快，三生空间功能失调和结构失序的问题更加明显，这也

使城镇建设与生态保护的协同推进变得越加困难，这是中国人地关系危机的真实缩影。

当前，我国经济发展进入高质量发展阶段，取得了举世瞩目的巨大成就，但快速发展带来的生态资源浪费与消耗问题越发明显，区域生态环境质量令人担忧，甚至可能威胁到我国的长期可持续发展。随着人口持续增长和居民收入水平的提高，粮、棉、油、肉、奶等产品的需求量不断增加，与此同时，消费结构也发生了扩容升级，导致土地资源面临日益增大的压力。土地是有限资源，而经济社会的持续发展需要更多土地用于城镇建设、农业生产和其他用途（刘彦随等，2022；刘希朝等，2023）。因此，生态环境保护的重要性日益凸显，生态保护区的划定一方面有力地保护了自然环境，另一方面也限制了城镇建设，但过度的保护也可能导致资源浪费。如何在不同土地功能之间做出合理的权衡，以最大程度地满足社会经济发展和生态环境保护的需求，已成为政府和学术界亟待解决的科学问题和现实困境。

可持续发展要求国土空间规划采取综合性和整体性的视角来全面考虑经济、社会和环境因素，不再是简单地追求单一目标，而是要兼顾经济增长、社会公平和环境保护等多个方面，实现生态与经济的双赢。因此，在国土空间规划体系中，有效利用国土空间和环境资源以及全面落实相关规划需求，协调"生产-生活-生态"功能已然成为当前城市可持续建设与空间规划急需深入探讨的重要内容（邹利林等，2022）。而阈值研究作为新兴的"可持续发展性科学"领域的优先主题，在生态系统精准监测、早期预警与有效修复等方面已被广泛运用（李代魁等，2020），成为协调三生空间功能冲突的重要突破点。因此，明确阈值存在与否，并对其进行精准识别是实现"精准调控"的重要前提，对于新一轮国土空间规划的编制与实施均具有重要参考意义。本书以可持续发展理念为导向，对三生功能权衡的影响机制与阈值效应展开研究，以探明三生功能权衡的重要动因与平衡点，为我们在发展社会与经济的同时，合理开发国土资源，实现经济、社会和环境的协调发展提供科学依据。

（3）协调优化三生空间结构布局是国土空间精细化治理与高质量发展的关键举措

2007年，党的十七大报告把优化国土空间开发格局作为未来13年经济发展的一项重要战略任务加以部署。2010年印发的《全国主体功能区规划》

强调，"推进形成人口、经济和资源环境相协调的国土空间开发格局，加快转变经济发展方式，促进经济长期平稳较快发展和社会和谐稳定。"随着建立国土空间规划体系上升为国家重大战略，国土空间不同类型功能区的划分工作相继展开（刘超等，2021；金贵等，2022）。党的十八大将生产、生活、生态（三生）空间的概念从国家战略高度加以明确。以此为指引，国土开发由强调生产空间为主开始向三生空间协调统筹转变（黄金川等，2017），这与生态国土建设谋求城镇发展与生态保护和谐共生的价值导向具有内在统一性。对土地资源进行高效开发利用，对国土空间进行科学优化布局，强化对自然生态系统和环境的保护，是生态国土建设的必然要求和重要方向。因此，优化国土空间结构与布局，探寻三生空间的和谐发展是构建协同高效的国土空间格局、推动生态文明建设的根本目标（付晶莹等，2022），关乎着区域协调可持续发展与绿色低碳转型发展。

三生空间是功能空间，三生空间之间的冲突实质上是三生的功能失调与结构失序，严重阻碍了生态国土建设的有效推进（岳文泽等，2021）。然而，传统"重结构、轻功能"的理念忽视了对生产、生态和生活的协同保护，不利于国土空间的长远发展。同时，三生空间功能优化的时滞性和各功能发展畸轻畸重的现状，反过来加剧了三生空间的结构冲突，阻碍了国土空间体系的完善与有序推进。因此，探究三生功能之间相互作用的非线性关系，将有助于深入洞察国土空间开发与保护的关系、促进城镇建设与生态保护的协调发展。

《中共中央　国务院关于建立国土空间规划体系并监督实施的若干意见》提出，"到 2035 年，全面提升国土空间治理体系和治理能力现代化水平，基本形成生产空间集约高效、生活空间宜居适度、生态空间山清水秀，安全和谐、富有竞争力和可持续发展的国土空间格局"。"十四五"规划也提出，细化主体功能区划分，实现主体功能区战略和各类空间管控要素精准落地，制定差异化政策的新要求。目前，三生功能提升与空间优化的研究尺度多集中在行政单元，忽视了区域内部发展的差异性，阻碍了主体功能区战略的精准落地。因此，在绿色低碳、高质量发展的时代背景下，如何细化三生功能分区、优化三生空间格局，成为国土空间治理精细化、主体功能区战略落实深化的重要基础，是新时代区域协调发展中空间治理现代化实现的关键所在。科学诊断三生功能的相互关系，协调优化三生空间结构布局是形成功能互补、协同高效国土空间格局的重要基础，是保障主体功能区规划落实、促进生态文明建设下生产生活方式绿色转型与区域协调发展的关键举措。

（4）典型丘陵山区的三生空间功能权衡与格局优化为我国及全球类似地区提供了宝贵的智慧与路径经验

丘陵山区属于山区过渡性地理空间，地理区位和生态功能十分重要，且生态系统功能（水土保持、生物多样性）、生产功能（农、林、牧、渔）与生活功能（居住、就业、公共服务）高度复合（王占韵等，2022）。在快速城市化与工业化的进程中，丘陵山区面临着社会经济发展的需求，也担负着生态环境保护的重任，生态保护与经济社会发展存在多目标权衡关系，是国土空间多功能权衡与调控的关键区域（戴志勇，2019）。

襄阳市位于鄂西北丘陵山区，是鄂西北地区的重要生态屏障，也是湖北省重要的农产品基地、制造业基地，对区域社会经济发展和生态环境保护发挥着重要的支撑保障作用。随着长江经济带、汉江生态经济带、"襄十随神"城市群等战略的实施，襄阳市城镇人口急速增加，城镇空间粗放扩张，生产、生活用地与生态用地之间的竞争日趋激烈。同时，该区域地形较为复杂，水土流失问题严重，自然灾害频繁发生，生态环境极其脆弱（于倩茹等，2019），区域生态安全日益受到威胁。从生态安全的角度来看，对土地利用进行优化配置符合襄阳市经济社会发展和生态环境保护的双重需求，有利于土地资源的合理开发与可持续利用（李德胜和王占岐，2015）。为此，近年来，该区域实施了一系列生态修复工程。例如，鄂北生态防护林、汉江生态廊道、"千村万树"行动、汉江植物园等一系列生态修复工程。该区域以森林植被恢复为主的林业生态建设工程和以提高土地利用率为主的农地整理工程均以保护生态环境为前提。然而，长江流域防护林、退耕还林等生态工程的实施，虽然对改善区域生态环境发挥了积极作用，但在一定程度上限制了资源开发和工农业生产（胡守庚等，2010）。因此，在脆弱生态环境制约与快速城镇化的进程下，襄阳市三生空间冲突激化，国土空间发展格局急需优化，成为典型丘陵山区三生空间功能权衡与协调优化研究的天然场所，为类似地区完善三生空间理论、国土空间开发与保护协同建设提供案例借鉴。

为此，本书拟研究：生态国土建设对地处鄂西北丘陵山区的襄阳市三生空间功能权衡产生哪些影响？这些影响是如何发生的？应采取哪些优化策略以实现三生空间的协调发展？

1.1.2 研究意义

本书立足于生态国土建设背景，以襄阳市为例，基于"权衡评价—影响机制—协调优化"的研究思路，从城镇建设与生态保护交互效应的视角对三生功能权衡过程进行解析，分析在生态国土建设影响下三生功能权衡的"过程-机制-效应"，建立基于功能强弱关系的三生空间识别与优化方法体系，探究三生空间协调发展路径与调控机制。本书的研究，具有重要的学术开拓性与实践应用性。

本书研究的理论意义在于：结合生态国土建设的实践背景，从城镇建设与生态保护交互效应的视角，揭示了三生功能权衡格局—响应的"过程-机制-效应"，丰富了土地利用功能的研究视角和内容，能够进一步完善土地利用功能权衡的理论分析框架和评价方法体系。

本书研究的实践意义在于：建立了功能强弱对比的三生空间识别与优化方法技术体系，拓展了三生空间分区优化的路径与对策，为襄阳市及类似丘陵山区三生空间统筹优化及区域协调发展提供了定量化决策依据，有利于服务城镇开发与生态保护协同共进的生态国土建设目标，丰富政策调控手段与工具。

1.2 国内外研究进展

1.2.1 土地利用功能研究

土地利用功能是人类为了满足各种需求通过不同土地利用方式而获取的

产品和服务（Verburg et al.，2009）。土地利用功能具有深刻的人类活动烙印，是人类对自然（土地）改造和利用后产生的满足其需求的商品和服务，侧重于人类需求，同时与自然相协调（Pérez-Soba et al.，2008；段建南等，2020）。土地利用功能研究逐渐形成了"过程-格局-机制"的研究范式，随着社会经济数据空间化模型、生态学模型、地理信息系统（GIS）的广泛应用，融合土地利用数据、社会经济、遥感、气象、生态等数据来测度土地利用功能逐渐成为主流方式（Liu et al.，2018；蒙吉军等，2019），有助于评价时空尺度提升及人类价值评判需求。自然环境变化和社会经济发展、生态建设等人类活动导致土地利用方式发生变化，引发土地利用结构—功能变化效应（Paracchini et al.，2011），土地利用功能之间相互作用的非线性关系逐渐引起重视（Zhou et al.，2018；范业婷等，2019），推动土地利用功能研究由综合评价转向权衡优化方向。

（1）土地利用功能识别与分类研究

土地利用功能是土地利用、生态过程与社会福利效益之间的纽带，包含了生物物理过程、直接和间接生产，以及精神文化、生活休闲等需求的满足（Pérez-Soba et al.，2008；甄霖等，2009）。自 20 世纪 70 年代起，部分国外学者从景观生态学维度，将生产、生态、伦理美学以及净化四项功能作为土地利用的主要功能（Haase and Richter，1983）。基于农业生态系统的维度，Fleskens 等（2009）将土地利用功能划分为生产功能、生态功能、社会功能、经济功能和文化功能五大类。除此之外，从土地系统可持续性的维度来看，作为社会经济—生态耦合系统的土地利用系统，国外学者将土地利用功能划分为社会、经济和环境等功能（Verburg et al.，2009）。然而，陈睿山等（2011）在国外有关研究的基础上，将城市土地从经济、社会和环境的视角进一步分为九大土地功能。同时，在三生理论的基础上，一些学者从土地功能、生态系统功能和景观功能三个方面将土地使用功能，分为生产、生活和生态三个方面（李广东和方创琳，2016）。从乡村转型发展视角出发，考虑到土地利用方式变化对土地利用功能的影响（朱琳等，2019），张涵和李阳兵（2020）在研究中将城郊土地利用功能归纳为经济发展功能、农业生产功能、社会保障功能、生态保育功能和观光休闲功能等。基于以上国内外学者对土地利用功能分类的相关研究，随着研究土地利用功能分类的系统性不断增强，从生产、社会和生态三个维度进行土地利用功能划分得到越来越多的关注。

（2）土地利用功能测度与评价研究

在功能分类的基础上，土地利用功能测度方法主要有土地利用归并赋值法（梁小英等，2014；黄天能和张云兰，2021），但该方法难以准确刻画土地利用类型的功能值，无法表达社会经济属性；指标体系评价法将各指标物理量计算转化为无量纲化值来表征功能值的大小（Aubry et al.，2012；张晓平等，2014），在一定程度上存在人为评判的主观性和均一化（Wiggering et al.，2006），难以刻画区域内部的空间异质性。随着土地利用方式的多元化和复杂化，上述两种常用方法难以准确衡量土地利用功能提供产品和服务的能力。随着社会经济空间化模型、生态学模型、GIS技术的广泛应用，融合地理空间、社会经济、遥感、土地利用数据等来测度土地利用功能（Liu et al.，2018；蒙吉军等，2019）逐渐成为主流方式，有助于评价时空尺度提升及人类价值评判需求。

但是，由于研究视角和研究尺度等的差异，目前对于土地利用功能评价指标体系的构建尚未形成统一的标准（段建南等，2020）。从研究尺度来说，土地利用功能的研究尺度有中宏观、微观以及二者的结合。例如，任君等（2021）在区县尺度上分析了山区的土地利用功能的演变特征及其影响因子。马晓冬等（2019）以乡镇为尺度，对城市边缘区的土地利用功能进行了评价。单薇等（2019）则利用多尺度综合评价单元（行政单元与网格单元），对江苏省三生功能的演化与耦合特征进行了研究。

（3）土地利用功能演化与影响因素研究

土地利用功能处于动态变化之中，且在不同区域也具有差异性（陈睿山，2011）。学者在土地利用功能测度之后，多采用动态模型、转移矩阵等数理统计及空间相关性、冷热点分析等技术手段，从数量与空间结构（Xie et al.，2010）、功能转型（宋小青和李心怡，2019；张晓琳等，2019）和时空演变（杜国明等，2016；Wang and Zhen，2017）等方面展开研究。

土地利用功能的影响因素分析逐渐发展为以定量分析为主，灰色关联度模型、障碍度模型、地理探测器等方法被用于分析土地利用功能变化与影响因素的驱动—响应关系。例如，刘愿理等（2019）采用地理探测器与土地利用多功能测度模型等方法，并基于三生功能理论构建评价体系，对山区土地利用多功能时空分异特征及其影响因子进行了探测。王枫和董玉祥（2015）对广州市土地利用功能的障碍因子进行了分析，探究其主要影响因素。土地利用功能演化主要受区域自然条件、资源禀赋、社会经济发展、土地利用及政策制度等的影响（Kopeva et al.，2010）。其中，自然环境条件是土地利用功能形成的基底条件，是影响土地利用功能演化的慢要素；社会经济发展是影响土地利用功能演化的快要素（张涵和李阳兵，2020）。李睿康等（2018）采用空间自相关和冷热点分析等方法，发现高程、坡度等自然因素会对土地利用功能的空间分布产生影响，而人口、道路分布等社会经济因素则会影响土地利用功能的空间数量。韦军等（2021）则研究发现区域自然环境与经济社会因素的综合作用是影响黄土丘陵区三生功能的时空演变的主要因素。社会经济和区域政策因素对土地利用功能演化的影响日益凸显（孙丕苓等，2017），王清扬等（2022）研究发现财政政策、投资政策、人口政策和土地政策等会对不同的土地利用功能的演变产生不同的影响。综上所述，土地利用功能演化及影响因素研究，为土地利用功能权衡影响因素识别与分析提供了重要的理论基础。

（4）土地利用功能权衡评价研究

自然环境变化和社会经济发展、生态建设等人类活动导致土地利用方式发生变化，引发土地利用结构—功能变化效应，进而在土地利用功能之间产生权衡作用（Wu et al.，2019；叶静等，2023）。目前，功能权衡与协同研究的对象主要是生态系统服务，多从时间、空间、可逆性、外部性等角度厘清权衡特征（李双成等，2013；Lester et al.，2013），研究尺度主要涵盖行政单元、流域和垂直带等。部分学者分别从省域、市域和县域角度对土地利用功能以及生态系统服务簇等的权衡与协同关系进行分析，并基于此提出分区策略（吴健生等，2015；李慧蕾等，2017；申嘉澍等，2020）。巩杰等（2020）以甘肃白龙江流域为尺度，从流域、县区和地形多个维度探究了生态系统服务的权衡与协同关系及其成因。张静静等（2020）则以垂直带为基本尺度，分析了伏牛山森林生态系统服务权衡/协同的区域、南北坡和垂直带的尺度效应。同时，也有学者关注到不同生态系统服务功能作用的尺度差异会直接导致不同尺度下研究者所关注到的生态系统服务功能的差异（Hein et al.，2006），土地利用功能也不例外。因此，尺度问题应贯穿于土地利用功能相关研究的始终。聚类分析、空间分析、相关性分析、均方根误差模型、情景分析等方法成为揭示生态系统功能/服务权衡关系的主要途径（彭建等，2017；Lin et al.，2018；陈心盟等，2021）。但是，生态系统服务权衡多是探究自然生态系统之间的相互作用关系（Quintas-Soriano et al.，2016；彭建等，2017）。土地利用功能不仅涉及自然、资源、人类范畴，还涵盖社会、经济、文化范畴（刘超等，2021），衡量自然生态系统与社会经济系统交互作用的土地利用功能权衡研究方兴未艾。

（5）土地利用功能管理与分区研究

土地利用功能是自然条件和人为因素在土地利用效果空间上的累积，受土地利用者的决策和行为的直接影响（Callo-Concha and Denich，2014），能够为土地利用优化提供决策支持。因此，在特定政策背景下，构建土地利用功能演化的区域经济、社会和环境效应分析框架，为解决区域土地利用冲突、开展可持续性发展情景分析提供了有效途径（König et al.，2014）。例如，SENSOR项目开发 SIAT（Sustainability Impact Assessment Tools）这一模型工具，用来评估多功能土地利用的可持续性，使土地利用功能概念框架在土地利用决策和土地管理中具有了可操作性。如张晓平等（2014）、王枫和董玉祥（2015）分别对西藏和广州土地利用功能进行评价后，提出了未来土地利用的管理方向。

土地利用功能是国土空间的本质属性，以主体功能区划进行的空间分区（樊杰等，2015；林坚和赵晔，2019）、以土地类的主导功能对国土空间进行划分和优化（李广东和方创琳，2016）是土地利用功能研究服务于国土空间格局优化的重要切入点。目前，学术界主要通过构建多功能性评价指标体系来测度功能值，采用聚类分析等方法，对区域进行土地利用功能分区，这也为国土空间优化开发与土地可持续管理提供了新思路（蒙莉娜等，2011）。例如，陈星怡和杨子生（2012）结合德宏州实际，制定了土地利用功能分区体系及其差异化的土地利用调控管理措施。张露洋等（2020）根据区域土地利用多功能值和两维图论聚类法进行辽宁省县域土地利用功能分区。刘超等（2021）通过分析土地利用多功能权衡/协同演化格局，对张家口市乡镇尺度的国土空间进行分区，提出土地利用优化方向。周侗和王佳琳（2023）基于"生产-生活-生态"维度，综合运用自组织特征映射模型、地理探测器以及

M-K 检验方法，研究了中原城市群乡村三生功能分区识别及调控路径。土地利用功能分区是区域协调发展与土地可持续利用的重要评判依据，土地利用类型、强度、格局的变化直接影响土地利用功能的供给，权衡不同土地利用功能供给水平也是实现土地利用方式优化的有效途径。

1.2.2　三生功能研究

土地利用功能是国土空间利用开发的承载特性和响应能力。土地利用功能研究从农业领域延伸至生态、景观等领域（刘超等，2016），研究视角逐步丰富。三生空间的战略提出和目标要求促使土地利用功能研究视角重点关注生产、生活、生态维度。三生功能概念体现了国家政策的要求内涵，是国土空间功能区规划的重要依据（谢晓彤和李效顺，2021）。

（1）三生功能概念内涵研究

根据国土空间生产和提供产品种类和服务类型的不同，将土地利用功能划分为生产、生活和生态功能（赵旭等，2019）。生产功能侧重农业和非农业生产产品，是指土地作为农田、林地、草地等生产要素所具有的支持农业、林业、畜牧业和渔业等生产活动的能力，重点关注农田土壤肥力、作物产量、森林资源、水土保持能力等，以及土地的农业可持续性和生产力提升（Li et al.，2023）。生活功能侧重于住、行、消、乐等保障服务，是指土地为社会经济发展和人类福祉提供的支持和服务能力，重点关注土地利用与城市化、工业发展、交通运输等社会经济活动的关系，土地资源的合理配置和利用对社会发展的影响，以及土地利用政策和规划对社会可持续发展的作用（Zou et al.，2020）。生态功能侧重于保障人类生产、生活活动的环境条件，是指土地作为生态系统的一部分所提供的生态系统服务、支持生物多样性和维持生态平衡的能力（Wei et al.，2021），主要关注土地的水文功能、土壤保持功能、气候调节功能、生物栖息地等（刘继来等，2017），以及土地利用对生态系统的影响和生态系统服务的评估。

（2）三生功能演变规律研究

三生功能的测度是探究其演变规律的前提。对于三生功能的测度，有学者根据功能主次及强弱，采用赋分值方式直接对土地利用类型的三生功能进行测度（金星星等，2018）；有学者选取与功能相关的代理指标，构建指标评价体系测度三生功能值（李欣等，2019）；也有学者融合土地利用、统计数据、气象数据等对三生功能进行测度（康庆等，2021；程宪波等，2022）。基于三生功能测度结果，对三生功能的数量与空间结构、相互关系及空间效应，时空演变规律等内容进行分析。GIS 空间分析、计量模型、地理探测器、聚类分析等方法也成为部分学者探究三生功能演变规律的主要途径（林树高等，2021；李波等，2021；冯晓娟等，2022；杨婷婷等，2023）。例如，卓蓉蓉等（2020）采用空间计量模型对江汉平原的三生功能及其空间分异特征进行测度。赵丽等（2017）运用 GIS 空间分析等方法，并结合三生空间理论以及重心迁移理论对河北省唐县的土地功能的相互关系展开了研究；戴文远等（2018）基于三生空间理论与 GIS 空间分析等方法分析了福州新区土地利用功能转型的空间效应；唐秀美等（2021）基于格网尺度，并结合 GIS 空间分析方法对三生功能的时空特征展开了分析。一些学者也进行了跨尺度和跨地区的比较研究，以探讨不同尺度和地区之间三生功能演变的差异和共性，有助于了解不同因素和机制在不同尺度和地区的作用，为制定区域差异化的土地管理策略提供参考（Liu et al.，2022；Li et al.，2019）。通过研究三生功能的演变特征，可以更好地理解土地利用和管理的动态变化，并采取相应的措施来促进可持续土地利用和综合管理。

（3）三生功能影响机制研究

自然环境和社会经济等因素对三生功能的空间格局分布及变化起着至关重要的作用（谢晓彤和李效顺，2021）。其中，城乡一体化程度是决定区域三生功能空间分异的关键性因素，生态环境保护力度则是其重要影响因素（逯承鹏等，2022）。自然因素包括气候变化、土壤质量、地形条件等。研究发现，气候变化对生产功能和生态功能有直接影响，土壤质量和地形条件则对各功能起到中介或调节作用（Li et al.，2021）。社会经济因素，如产业结构、市场需求、投资规模、人口增长、城市化进程等影响资源配置和土地利用效益，进而对三生功能，特别是生产功能和社会功能影响显著（焦庚英等，2021）。政策因素包括土地规划、环境政策、土地管理制度等，也是决定三生功能变化的重要因素。有效的土地规划和良好的环境政策能够促进生态功能的保护和恢复（逯承鹏等，2022；Liu et al.，2023），合理的土地管理制度有助于实现生产功能和生活功能的协调发展（Ji et al.，2023）。

（4）三生功能权衡关系研究

有学者意识到三生功能处于非均衡状态，存在权衡/协同关系，三生空间功能权衡研究方兴未艾。权衡是指功能之间此消彼长、整体紊乱，发生空间冲突或竞争关系（Fan et al.，2021）；协同是指三生功能之间互相促进、有序发展，产生空间共赢关系。三生功能权衡/协同关系、耦合特征、空间关联、协同演化机制受到越来越多的关注。研究方法以耦合协调度模型、空间相关性分析和 Pearson 参数相关分析等为主（康庆等，2021）。例如，李欣等（2019）以空间自相关和相关系数法定量测算了江苏省三生功能的权衡/协同关系。王全喜等（2020）则是基于格网尺度，运用相关性分析法和双变量局部空间自相关分析法对三生功能的权衡/协同关系进行空间显式化分析。同时，部分学者基于三生功能的内在逻辑框架，运用耦合协调度模型探究了其功能间的耦合特征（单薇等，2019；魏璐瑶等，2021）。除此之外，张雄等（2021）以长江中游城市群为研究区，采用社会网络分析法探析了三生功能在空间上的关联特征。林佳等（2019）运用系统动力学的方法对国土空间的三生功能演化进行了模拟，并进一步对三生功能的协同演化机制进行了探究。对于三生功能权衡/协同关系的影响因素分析发现，其既受到功能之间相互作用的影响，又受到共同影响因素的驱动作用（Bennett et al.，2009；路昌等，2023）。但部分学者仅定性描述了地域分异规律、社会经济发展、多元主体需求等对三生功能权衡关系的影响（Zhang et al.，2019；康庆等，2021）。

1.2.3 三生空间研究

随着土地利用功能、三生空间功能等研究的深入，主体功能区划分、三生空间优化等领域受到越来越多的关注。三生空间优化是从生产、生活和生态视角出发，对国土资源在数量结构和空间布局上进行重新配置，是三生空间功能研究服务于国土空间规划的落脚点（Maldonado，2012；顾朝林和曹根榕，2019）。尽管国外关于三生空间方面的研究较为匮乏，但在土地利用多功能性、区域空间规划等方面的研究成果丰富，为我国开展三生空间相关研究提供了可借鉴的研究成果。目前，三生空间的研究主要集中在辨析其概念内涵与分类方法、演变特征、影响因素、格局优化等方面。

（1）三生空间理论内涵研究

三生空间是功能空间（方创琳等，2016）。因此，学者多从用地功能角度出发，认为三生空间是土地利用生产功能、生活功能和生态功能等聚合而成的多重功能空间。例如，李广东和方创琳（2016）以土地的调节能力、基础物质生产与生活资料的生产能力以及空间承载与保障能力分别量化生态功能、生产功能和生活功能，并基于此进行三生空间识别。同时，也有学者通过用地性质、人的实践活动来定义三生空间。朱媛媛等（2015）基于土地作为空间载体所发挥的不同作用对三生空间进行了定义，并认为生产空间是影响生活与生态空间的根本，生态空间则为生产和生活空间提供保障，而生活空间的优化可以达到优化生态和生产空间的目的，三者相互联系、相互影响。刘燕（2016）则认为，受限于自然和人类社会发展的不同阶段，三生空间在社会发展过程中的作用和地位是不平衡的，其认为生产空间是根本、生活空间是纽带、生态空间是前提。其中，生产空间是供给农业、工业和服务业等主要功能的区域；生活空间是供给人类居住、社会消费、休闲娱乐等主要功能的区域；生态空间是供给生态产品、环境维持、空气净化等主导功能的区域（黄金川等，2017）。除此之外，三生空间关系的探析也成为重要研究方向。Kates 等（2001）从生态村落的可持续发展的角度提出，生态空间作为区域可持续发展的关键，发挥着支撑生产空间和生活空间实现其既定功能的作用。在此基础上，方方和何仁伟（2018）从农户行为视角出发，认为生产空间和生态空间均是三生空间的基础支撑，着重强调了生活空间的核心作用。

（2）三生空间识别测度研究

三生空间分类体系多从土地利用、生态系统和景观价值三大视角出发，研究方向包括规划管控和现状分析（崔家兴等，2018）。土地资源的多功能性决定了微观功能单元向具体地域单元和特定尺度转化时，同一空间内可能包含多种功能（柳冬青等，2018），这赋予了三生空间的尺度差异性、功能复合性和范围动态性等一系列特征（扈万泰等，2016），划分方案的确定需要综合考虑研究指向及尺度。部分学者主张三生空间应在特定空间尺度和地域单元上根据功能强度和主导功能综合划分范围（朱媛媛等，2015；杨清可等，2018）。然而，三生空间并非互斥的空间单元，需从多功能利用角度体现其复合性（崔家兴等，2018）。在宏观尺度上，可根据代理指标综合测度区域内各类功能的表现量（金贵等，2017），或根据不同类别开发适宜性复合评价（柳冬青等，2018）。在微观尺度上，可借鉴景观功能分类研究方法，通过生物物理过程、市场流通价格等测算进行三生功能的价值化表达（李广东和方创琳，2016）。然而，这种方法对数据精度的依赖性强、价值计算难度大，如何借助现有土地利用分类系统，充分考虑土地资源的多功能性，是未来估算三生空间功能新方法的探索途径（刘继来等，2017）。

空间所发挥的功能大小是空间识别的关键所在，以土地利用主导功能为基础，定量识别单一功能空间，是三生空间识别的主流思路（黄安等，2020）。目前，针对三生空间的分类主要有以下两种方法：一是基于土地功能视角，以土地利用现状分类标准为依据的归并分类法，通过与现有规划衔接，使得土地利用生态功能得到越来越多的重视（黄金川等，2017）。刘继来等（2017）根据土地利用现状分类标准，结合土地利用功能在主次强弱上的差异，将生产空间划分为生产用地、半生产用地、弱生产用地、非生产用地，以此构建了三生空间分类体系。张红旗等（2015）从土地利用功能角度出发，采取先分区后分类的方法，将三生用地分类体系中的各类用地落实到空间上，并强调了生态用地所发挥的重要作用，从国家这一宏观尺度体现了土地所具有的三生功能。胡恒等（2020）基于对土地利用现状和海域使用等分类体系的综合考虑，开发了陆海统筹理念下的三生空间分类体系，为全要素、全统筹的国土空间格局优化提供了参考借鉴。党丽娟等（2014）在土地利用功能分类的基础上，增加了生产-生态和生活-生态两类复合空间，科学划分了三生空间。二是量化测算法，主要通过构建评价指标体系，量化识别了三生空间，但在多尺度集成与多主体融合表达上具有局限性。李广东和方创琳（2016）借助生态系统服务、景观功能和土地功能分析方法构建了塘栖镇三生空间的功能分类体系与价值量测算方法体系来定量识别三生空间。朱媛媛等（2015）利用生态空间评估模型，综合考虑了生态红线、城乡规划红线和耕地红线，构建了国家限制开发区五峰县的三生空间区划指标体系。值得注意的是，功能集聚形成的三生空间同时兼具生产、生活和生态等多种功能，空间与功能之间存在"一对多"的关系。近年来，如何基于国土空间三生功能进行复合功能空间识别的讨论如火如荼。例如，冀正欣等（2020）通过土地利用功能价值评估方法体系来识别复合功能的三生空间。

（3）三生空间演变特征研究

在三生空间识别与划分的基础上对三生空间的时空演变进行分析，能够有效反映区域对土地资源的分配状况。针对三生空间演变特征的研究多以GIS技术为基础，结合景观格局指数、土地利用动态度、土地利用转移矩阵、空间自相关、核密度等方法探讨了不同尺度下研究区域在数量结构以及空间分布变化上的时空动态演变特征。李科等（2020）基于格网尺度划分研究区，运用土地利用转移矩阵和重心迁移模型分析三生空间数量结构和演化方向，利用全局自相关重点探讨了不同尺度下三生空间的集聚程度，揭示了2000~2015年湘江流域三生空间的时空格局演变特征。金星星等（2018）探讨了闽三角城市群2000~2015年三生空间格局及功能性的时空分异特征。赵瑞和刘学敏（2021）从三生空间功能视角出发，利用土地动态度和土地利用转移矩阵分析了2000~2018年京津冀都市圈内三生空间的结构转型与空间格局变化。柳冬青等（2018）以甘肃白龙江流域为例，揭示了该流域1990~2014年三生功能空间演变规律。周鹏等（2020）以太行山区为研究区，选取斑块密度、平均斑块面积、蔓延度、香农均匀度等景观格局指数，借助Fragstats软件从景观水平特征上探讨了太行山区国土空间的景观格局演化，结果表明太行山区国土空间景观异质性及优势度较高，但斑块密度的上升加速了景观破碎化。此外，还有学者从县、乡、镇等尺度探讨了中微观区域三生空间的时空演变特征（于正松等，2020；陈鸿基等，2022）。

（4）三生空间演变影响因素研究

由于不同区域的自然环境和社会经济条件各异，三生空间演变的驱动机制也有所差异，但自然地理、社会进步、经济增长和政策因素是关键影响因素。自然地理因素对三生空间的演变起基础性作用，高程和坡度的分异性制约着三生空间格局，深刻影响了人为自发聚焦行为（林伊琳等，2019）。大气降水、温度、水资源分布等通过生态环境质量指数，影响生产生态用地布局（张轲等，2022；孔冬艳等，2021；朱俊杰，2021）。社会经济因素是三生空间变化的核心驱动力，多采用GIS技术和相关数学模型探讨了区域三生空间演变的驱动因素，普遍认为人口、城镇化、工业产值、农林牧渔业总产值、地区生产总值、人均可支配收入是重要的社会经济驱动因素（朱琳等，2018；于正松等，2020；杨帆等，2022）。此外，地区生产总值和人均可支配收入反映地区经济发展水平，在一定程度上推动了农业生产用地、绿色生态用地、农村生活用地、绿色生态用地等用地类型的相互转化（王晓峰等，2022）。宏观政策导向对三生空间的演变具有显著的驱动作用，相较于自然因素和社会经济因素，政策因素在生产、生活和生态空间的演变中占据主导地位，政策的变化会影响空间类型的转变及空间类型的分布（时振钦等，2018；武联等，2019；邹汉邦等，2021；马彩虹等，2022；翟香等，2022）。同时，不适当的政策制度极易造成土地退化、建设用地大肆扩张以及耕地锐减等现象，严重影响了土地的可持续利用和土地利用的转型，进一步阻碍了国土空间格局的演变（Liu et al.，2014）。

（5）三生空间优化发展研究

三生空间优化的目的是促进城镇建设、农业生产、生态保护等的统筹协同发展，实现国土资源的可持续利用（刘彦随等，2011）。区位论、时空间行为、空间均衡和可持续发展等理论（Maldonado，2012），以及"双评价"（资源环境承载力评价和国土空间开发适宜性评价）、指标评价等方法相继被引入三生空间优化研究领域，为三生空间优化提供了理论基础和方法借鉴（江东等，2021）。在理论原则的空间优化方面，学者大多从适宜性评价、三生承载力、AVC理论、"双评价"、国土空间利用质量和比较优势等角度出发，提出空间优化目标，对某一地区的三生空间布局进行优化。例如，陶慧等（2016）基于三生空间理念构建评价指标体系，运用空间叠置分析方法科学评价研究区的旅游生产、城镇生活和生态保育三大空间的适宜性，并在此基础上进行分区和优化。欧惠等（2020）则以"三生空间"构建城市环境承载力指标体系，引入耦合协调度模型和障碍度诊断对研究区的三生空间承载力的耦合度以及制约因素进行分析，以此为区域空间优化提出建议。杨俊等（2018）在三生空间功能测度结果的基础上，运用吸引力、生命力和承载力等理论对三生空间格局进行重新配置。王亚飞等（2019）则以地域功能理论为基础，从人地关系演化角度探究"双评价"的理论内涵，从而以"双评价"集成效益最大化时主体功能区的分区优化路径作为地域功能分区优化的最优方案。徐磊等（2017）借助标准显示性比较优势指数对长江中游城市群各城市功能值的优势功能进行评价，从而为科学、有效地评估我国城市的比较优势功能，以及优化我国城市群的地域空间分布提供了重要的借鉴。Lin等（2020）采用景观生态学指标法，构建了三生空间冲突指标，并在此基础上建立了CA-Markov模型对"三生空间"布局进行优化与模拟。基于人类行为特征，构建了三生空间优化的分析框架和方法体系（刘春芳等，2019）。基于GIS技术和模型算法相结合的空间优化方面，融合数量配置模型（如目标规划、遗传算法、线性规划等）和空间模拟模型（CLUE-S模型、CA-Markov模型、FLUS模型），形成国土空间优化的新技术方法途径（莫致良等，2017；林沛锋等，2019；李媛洁等，2021；陈鸿基等，2022）。但是，生产、生活和生态功能存在不同优劣程度和协调关系，是三生空间识别与优化的关键影响因素。

1.2.4 生态国土建设研究

新时代国土空间规划技术体系的融合建构与创新发展，既是推动规划技术创新、提升国土空间治理能力的重要方向和路径，也是更好服务城乡经济社会高质量发展的战略需要。自党的十八大以来，优化国土空间开发格局成为推进生态文明建设的重要举措。因此，生态国土建设研究也成为当前研究的热点。

（1）生态国土建设的含义

生态国土具有生产、生活、生态等多重功能属性，是社会经济发展和生态文明建设的重要物质载体（孙绍骋，2017）。生态国土建设旨在改变国土资源粗放利用及破坏环境的开发模式，促使国土资源在经济价值实现的同时，向"绿色化""生态化"利用转型，促进经济社会建设与生态保护的融合发展。其基本原则之一是统筹资源开发与生态保护的关系，并将生态保护置于优先地位（陈从喜等，2018）。随着人类对自然资源利用方式的不断更新和对环境破坏程度的不断加深，在国土空间开发利用中出现了"重开发、轻保护"的倾向，严重影响了人与自然的和谐发展。因此，生态国土建设成为合理开发、保护和修复国土空间，变革国土空间利用方式，促进其可持续发展的主要内容和途径。

（2）生态国土建设的影响效应

城镇化与生态环境是交互耦合的（方创琳等，2016），深刻影响着国土空间开发与保护。生态国土建设是涉及人口、社会、资源、生态和政策等要素的系统性、复杂性工程（Fuseini and Kemp，2015；黄贤金等，2021），城镇化、工业化仍是其主要驱动力（樊杰等，2015），但生态保护影响作用也日趋凸显。适应生态文明新时代的国土空间规划体系的建立推动了国土开发向生态保护优先转型（白中科等，2019；Liu et al.，2021）。具体而言，从资源承载力视角出发，分析区域资源环境承载力与国土开发强度在时间和空间上的协调耦合关系（卫思夷等，2018）；从生态安全视角出发，对国土开发过程中已退化、损害或彻底破坏的生态系统进行恢复，即国土空间生态修复（傅伯杰，2021）；从环境治理视角出发，对城镇化和工业化引发的水资源、空气、土壤等污染问题而采取的环境保护措施（郑思齐等，2013）。

在阈值效应方面，阈值是指某系统或物质状态发生剧烈改变的那一个点或区间（赵慧霞等，2007），阈值点就是从量变到质变的转折点（唐海萍等，2015）。近年来，一些学者不断探究城镇化对不同事物的阈值效应，例如，冯浩源等（2018）探讨了基于水资源约束下的城镇化水平阈值。Hao 等（2020）利用动态阈值面板模型发现中国城镇化与环境污染之间存在非线性关系。Peng 等（2017）整合多种生态系统服务定量识别城镇化因素的影响阈值。然而，关于城镇化对三生功能权衡的影响阈值研究仍较为匮乏。因此，正确认识城镇化发展与三生功能协调的关系，在城镇化发展与三生功能权衡之间找到平衡点，实现城镇化发展与三生功能的协调是区域可持续发展的关键（He et al.，2022）。

生态系统在演变过程中存在阈值规律（侯利萍等，2021），并且该阈值规律在人工植被恢复过程中同样存在（张琨等，2020）。在退化土地管理中，阈值能够充分体现植被和土壤的变化状况；在生态修复工作中，对人为干预（如植树造林）和自然修复（如封山禁牧）的量度把控仍存在较大的困境（Katharine and Richard，2008；Mcvicar et al.，2010）。不同类型的生态阈值在生态系统管理中发挥的作用有所差异（Bestelmeyer，2006），正确理解并运用阈值理论进行生态修复是相关政策得以有效实施的重要保障，是确保生态系统可持续发展的关键因素。

1.2.5 研究进展述评

综上所述，三生空间研究正经历从结构综合评价向功能权衡优化的转变，这一转变推动了土地利用功能理论体系的逐步完善。同时，资源环境承载能力和国土空间开发适宜性的双评价应用技术也被提出，并初步应用于国土空间优化开发格局的构建。这些研究成果不仅为深化三生空间的功能认知提供了理论支撑，也为三生空间的优化实践开辟了新的研究视角，进而推动了该领域形成系统化的研究范式。同时，这些成果也为推动国土空间的合理规划和有效管理，促进生态环境保护和城镇建设的协调发展提供了宝贵的文献资料和实践案例，为未来的研究工作提供了有力的支持和借鉴。但是，已有研究也存在以下一些薄弱环节：

第一，从主体功能区到国土空间规划，再到三生空间优化，三生空间研究具有强烈的中国时代特色。三生空间具有独特性、复杂性和动态性，其研究过程中新问题不断涌现。然而，当前对城镇化与生态保护交互影响的生态国土建设背景关注不足，缺乏对城镇化、生态保护及三生空间功能权衡问题进行整合性创新的系统性思考。因此，结合生态国土建设背景探讨三生空间功能权衡问题的集成研究有待加强。

第二，三生功能权衡与协同关系存在阈值效应，超过或低于这些阈值会导致关系的突变，甚至发生不可逆变化，不利于维持国土空间体系的稳定性和可持续性。目前，三生功能权衡机制研究多集中于影响因素及其影响程度，鲜有文献关注影响因素对三生功能权衡的阈值效应，制约了空间冲突的预警与风险管理。因此，构建包含影响因素与阈值的三生空间功能权衡机制的分析框架有待强化。

第三，现有研究借助一般指标体系、适宜性评价体系或土地资源承载力评价体系，提出三生空间优化方案，关注点逐渐从空间结构属性转向空间多功能性。然而，目前相当一部分研究还停留在一般对策性分析层面，尚未形成统一的三生空间协调优化技术框架，仅从用地功能主导性与人工主观判定相结合的角度出发，进行三生空间的识别与优化具有一定的局限性，其落地效果有待进一步观察。

第四，三生空间研究较多关注快速城镇化地区、生态脆弱地区，而对兼具两者特点的丘陵山区的研究较少。丘陵山区三生空间冲突是区域人地矛盾以及资源环境问题的集中体现，严重影响着生态国土建设的稳步推进与区域可持续发展。因此，丘陵山区三生空间功能权衡与格局优化研究更具迫切性和典型性。

基于此，本书立足于生态文明建设背景，遵循"权衡评价-影响机制-协调优化"的研究思路，选取地处丘陵山区的湖北省襄阳市作为案例区，从城镇建设与生态保护交互效应的视角对三生空间功能权衡过程进行解析，探究生态国土建设影响下三生功能权衡的"过程-机制-效应"。最终，基于功能强弱对比关系，构建三生空间识别与优化方法体系，提出三生空间协调发展的路径与调控机制。

1.3 研究方案

1.3.1 研究目标

（1）政策目标

通过对襄阳市生态国土建设、三生空间功能权衡和协调优化的状况进行深入研究，分析问题及其原因，总结典型经验，向地方政府及有关部门反映客观情况，提交系统的分析和实际可行的政策咨询报告，为政府科学决策提供服务。

（2）实践目标

建立与生态国土建设相适应的三生空间协调优化的技术框架、实现形式和管理机制，从而为襄阳市及类似地区主体功能区战略的精细化落实、"三区三线"规划的科学制定提供可量化的依据。

（3）理论目标

通过城镇化、生态保护与三生功能权衡的驱动—响应关系研究，探讨其协调发展的基本动力与内在机理，把握当前生态国土建设的合理路径。通过对生态国土建设下的三生空间协调优化与政策保障机制进行研究，探讨三生空间优化与生态国土建设的利益协调、政策协同，以及行动创新道路。

1.3.2　研究内容

（1）襄阳市三生功能权衡时空特征研究

立足生态国土建设的时代背景及战略高度，明晰襄阳市土地利用环境、人口、产业、产值等表征属性与生态保育、城镇建设、粮食安全等内在要求的协同基础与表现，综合辨识国土空间生态、生活、生产等功能。融合多源数据，依托社会经济数据空间化、InVEST 模型定量评估 2000～2019 年格网尺度的三生功能，分析其时空演化特征。基于此，采用 Spearman 相关分析、均方根误差模型评估三生功能权衡/协同关系及程度；采用耦合协调度测度三生功能协调性。运用 GIS 技术、空间统计等分析方法，系统解析 2000～2019 年三生功能权衡/协同关系的规模、结构及空间布局，揭示不同时期三生功能权衡/协同关系的演化规律。

（2）襄阳市生态国土建设对三生功能权衡的影响机制研究

基于国土空间开发与保护的关系耦合的整体性、平衡性要求，从发展与安全的角度出发，统筹考虑经济发展与生态保护过程耦合与空间交互，研究城镇化与生态保护等与三生功能权衡之间的格局—响应的"过程-机制-效应"。在分析襄阳市三生功能权衡/协同关系的空间分异规律基础上，借助地理信息系统、空间误差模型等技术手段，探析生态保护（生态修复、环境治理等）和城镇化对三生空间功能权衡/协同关系的影响效应，重点考察生态修复、环境治理等在城镇化与三生空间功能权衡中的调节效应。

（3）襄阳市生态国土建设对三生功能协调性的影响阈值研究

在三生功能影响因素分析的基础上，从人口城镇化、经济城镇化和土地城镇化三个维度出发，利用分段线性回归分析城镇化对三生功能协调性的阈值效应，并基于地貌类型的异质性，比较不同地形区城镇化对三生功能协调性的阈值效应。以植被覆盖表征生态系统修复状况，采用弹性系数的方法测度生态系统修复对三生功能协调性的影响阈值，并基于主体功能区视角探究其阈值效应的区域差异性。

（4）基于功能强弱对比的襄阳市三生空间格局优化研究

采用力学平衡模型、比较优势指数等方法，通过对三生功能的强弱等关系的考察，建立三生空间识别分类体系，揭示三生空间时空格局和地形梯度演化规律。在三生空间类型的空间分布特征的基础上，构建三生空间格局优化框架，划定三生空间优化分区。以三生空间协调发展为目标，以"城镇化与生态保护相协调"为基本理念，结合城镇化与生态修复的影响阈值，对不同优化分区提出城镇化建设与生态保护的差异化管理思路与内容框架。

1.3.3 研究方法

（1）理论研究与实证研究相结合

本书分析和解读了大量相关文献，梳理了土地利用功能、人地关系耦合系统、空间均衡等相关理论方法，解析了三生功能权衡内涵，并建立了三生功能权衡影响机制的理论研究框架，以诠释三生功能权衡形成的机制与演变过程。基于以上理论分析，在襄阳市进行实地调研和农户访谈，测度格网尺度的襄阳市三生功能，揭示襄阳市三生功能权衡特征及驱动机制，进行三生空间优化分区及调控治理。

（2）数理统计与空间统计学方法

融合多源数据，依托社会经济数据空间化、InVEST 模型等方法对2000~2019 年格网尺度的三生功能进行定量评估。利用分段线性、弹性系数等方法测度城镇化与生态保护对三生功能权衡的影响阈值。采用力学平衡模型、比较优势指数等方法，通过三生空间功能的强弱等关系建立三生空间识别分类体系。采用空间统计学方法，借助地理信息系统、空间误差模型等技术手段，探析生态保护和城镇化对三生空间功能权衡的影响效应。

（3）宏观与微观相结合

将遥感影像、地形图、社会经济统计资料等多源、多尺度数据通过格网化处理到同一格网单元上，评价三生功能的物理量。为了便于与土地规划工作相衔接，以格网为基本单元，通过分析同一单元内三生空间功能的强弱关系来进行三生空间类型的识别与格局优化，从而构建宏观把握与微观切入的研究方法体系。

（4）定量研究与定性研究相结合

三生功能演变是一个复杂的过程，对其影响因素进行分析时，城镇化、生态修复、环境治理、植被覆盖等指标可采用空间误差模型、分段线性回归、弹性系数等方法进行定量分析，而政策因素难以量化处理，采取定性分析。

1.3.4 研究思路与技术路线

本书的研究思路可以归纳为"一个背景、两种机制、三个层次"。首先，本书立足于生态国土建设这一宏观背景，紧紧围绕城镇化与生态保护双重影响下丘陵山区三生功能权衡机制与协调优化机制两个关键点，以"认清现状、研判问题"为逻辑起点，把握三生空间冲突过程、现实特征，以及其与生态国土建设的目标耦合。其次，以"理论提炼、机制剖析"为目标进行逻辑扩展，探究三生功能权衡与城镇化和生态保护因素的交互—响应关系及影响机制。最后，以"指导实践、服务决策"为宗旨实现逻辑升华，提出功能强弱关系对比视角下的三生空间类型识别与分区优化，实现三生空间的融合发展（见图1-1）。

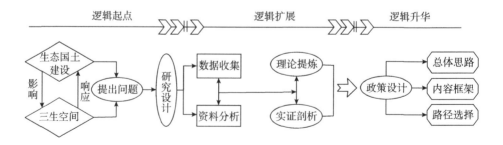

图1-1 本书的研究思路

本书以襄阳市为案例区，从发展与安全的角度出发，融合城镇化与生态保护双重视角，在梳理归纳相关国内外文献的基础上，提炼相关理论基础与分析框架，基于"权衡评价—影响机制—协调优化"的逻辑脉络系统展开研究。本书的技术路线如图 1-2 所示。

首先，明晰生态国土建设背景下三生功能权衡的时空特征。获取襄阳市翔实的遥感影像数据、土地利用数据、气象数据、地形数据、社会经济数据及其他辅助资料，分析当前襄阳市自然地理环境、城镇化发展、生态建设、土地利用等特征。融合多源数据，依托社会经济数据空间化、InVEST 模型等定量评估 2000~2019 年格网尺度的三生功能。在此基础上，采用均方根误差模型和耦合协调度模型，测度三生功能权衡及协调性的时空特征。

其次，探究生态国土建设对三生功能权衡的影响机制。在分析襄阳市三生功能权衡空间分异规律的基础上，构建三生功能权衡影响机制的分析框架。借助地理信息系统、空间误差模型等技术手段，探析生态保护和城镇化对三生空间功能权衡的单独及两者交互影响的效应，重点考察生态保护在城镇化与三生空间功能权衡关系中的调节效应。

再次，识别生态国土建设影响三生功能协调性的阈值效应。引入阈值效应分析，从人口、经济和土地城镇化角度出发，利用分段线性回归分析城镇化对三生功能协调性的阈值效应，并比较不同地形区城镇化对三生功能协调性的阈值效应。以植被覆盖表征生态系统修复状况，采用弹性系数的方法测度植被覆盖对三生功能协调性的影响阈值，并基于主体功能区视角探究了其阈值效应的区域差异性。

最后，提出基于功能强弱对比的三生空间格局优化。采用力学平衡模型、比较优势指数等方法，构建基于三生空间功能强弱对比的三生空间识别分类体系，以三生空间协调发展为目标，以"城镇化与生态保护相协调"为基本理念，结合城镇化与生态保护的影响阈值，划定三生空间优化分区，并对不同优化分区提出城镇建设与生态保护的差异化管理思路与调控措施。

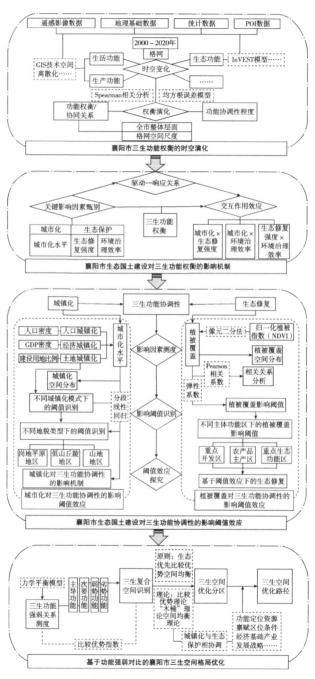

图1-2　本书的技术路线

1.4 创新之处

第一，根植于现有研究，聚焦城镇化和生态保护的交互影响机制，丰富三生功能权衡理论分析框架与方法。生态国土建设和三生功能权衡都是复杂的系统工程，且带有明显的时代特色，直接可供本书参照的理论框架并不多见。如何根据生态国土建设下三生空间功能权衡形成的理论分析框架选择合适的实证模型是本书拟解决的一项重要内容，也是提升项目研究科学性的题中之义和关键手段。本书构建了一个相对完整的生态国土建设影响三生功能权衡的理论分析框架，构建了基于空间误差模型的三生空间功能权衡格局——响应分析模型，探究了城镇化、生态保护及其交互作用对三生功能权衡的影响过程与路径。这为认识三生空间冲突问题添加了新的理论元素与分析视角，也为提出科学的管理机制提供了基础支撑。

第二，着眼于协调发展，厘清城镇化与生态修复对三生功能协调性的阈值效应，有利于精准施策与预警风险。三生功能权衡是受地域环境差异和经济发展影响的复杂过程，其核心在于揭示不同区域发展差异下的三生功能权衡/协同的阈值效应，是区域协调发展的关键所在。本书厘定了城镇化与生态修复对三生功能协调性的影响阈值，识别关键转折点，既深化了三生功能权衡对城镇化与生态保护的非线性响应的理解，也能够有效识别三生功能潜在的冲突风险和危机。同时，关注不同地形区和不同主体功能区的区域异质性，对于发挥过渡性地理空间的土地多功能性优势及区域协同发展意义重大。

第三，立足于现实问题，基于功能强弱对比关系进行三生空间优化调控，兼顾实践应用性与精准化。以往的三生空间优化研究多以行政单位为分区单元，容易忽视同一区域内部的差异性，是三生功能研究成果走向实践的难点所在。区域异质性显著是丘陵山区的一个重要特征，不仅在城镇建设、生态保护方面存在差异性，在三生空间格局优化方面也具有异质性，因此其管理应因地制宜，精准施策。本书构建了基于功能强弱关系的三生空间识别方法体系，着重破解同一行政单元内三生功能相互冲突的难题，并引入城镇建设与生态保护兼顾的思维，提出了因地制宜的城镇建设与生态保护的三生空间优化路径，丰富了国土空间优化的理论基础与技术框架。此外，将分区单元从行政区细化至格网单元，是缓解区域三生空间冲突的重要手段，有利于三生空间格局优化策略的精准化落地。

2 理论基础与分析框架

2.1 相关概念解析

2.1.1 三生功能

土地利用功能是反映区域土地利用状况的综合概念，是指以土地为载体所提供的产品与服务满足人类需求的过程。由于人类对土地功能需求的不同，在不同时期、不同地域、不同社会群体、不同利益主体等方面都存在差异。因此，在土地功能划分上也就存在着差异。三生功能从生产、生活、生态视角对土地利用功能进行类型划分与内容充实，延伸了土地利用功能概念。三生功能是指生产、生活和生态三项功能，三者之间存在相互促进或制约的作用关系，共同影响着国土空间的综合属性和演变规律。其中，生产功能和生活功能主要是由人的行为决定的，而生态功能是由自然的自我调整决定的。任何尺度的国土空间都是多功能复合体，是人类对空间利用和自然改造的产物。因此，三生功能更能体现国土空间利用的复杂性和系统性。

生产功能在三生功能中扮演基础角色，直接或间接提供物质产品，为生活功能提供能量来源和物质补给，既是维持社会运作的基本动力，也是修复生态功能的动力引擎，为生态重塑提供资源。在时间和空间上，各个区域的资源、地形地貌及交通设施等要素的组成和优势都存在显著差异，生产功能所提供的产品也存在较大差别。因此，生产功能存在显著的异质性。例如，在以农业生产功能为主导的区域，粮食、油料等作物占主导地位；在工业发展程度较高的区域，以工业产品和生活消费品为主。在国土空间利用过程中，生产功能发挥着举足轻重的作用，其追求的是对生产空间的集约高效利用、减少对生活空间和生态空间的侵占、减轻对环境的压力，从而推动其自身的演变与增长。

生活功能是一种服务性功能，提供空间场所和公共服务等以满足人类社会活动的需要。生活功能作为联系生产与生态功能的纽带，不仅需要足够的物资支持，还需要优质、健康的生态环境，为人类的需求提供全方位的服务。在生活功能系统中，人是最为活跃的主体，发挥生活功能要将人作为最主要的服务对象。充足的物质生活和丰富的精神生活是人们对自然进行改造的起点，而提升生活品质和宜居水平则是人们生产活动的根本目标和重要主线。生活功能在空间上的异质性与生产功能比较相似，但是由于各个区域的经济发展程度不同，所以在公共基础设施投资、城市建设和公共服务等方面都存在着明显的差异。经济发展程度越高的区域，居民的居住环境、生活保障设施越好，对生活的承载力、服务能力越强；而在经济发展落后的偏远地区，由于财政收入和投资比较有限，城镇的交通、居住等条件难以容纳较高的人口集聚，因此无法为人们提供更高水平的生活服务。

生态功能是一种支持性功能，既可以为人类提供生存所必要的自然资源，还能为人类提供稳定健康的生活环境，有效应对外界干扰，保障区域可持续发展。生态功能是获取生产资源与资料的起源地，并且会对生产空间的盲目扩张起制约作用。同时，生态功能作为生活功能实现的基础性条件，为生活提供所需的生态元素，也是协调人地关系和实现区域可持续发展的关键。地形、气候、土壤类型等地理环境基底特征，为生态功能的形成与演化提供了重要基础，这种关联性在空间上呈现出聚集分布规律。然而，生态功能的主体要素属性和结构的差异性是不同类型生态空间展现出明显景观差异的主要原因。例如，以森林为主体的生态空间呈现出林地景观，以河流、湖泊为主的生态空间表现为水系与湿地等景观。这些要素的特征和分布使得每种生态空间在生态景观上具有独特的表现。

2.1.2 三生功能权衡

三生功能变化的强弱区域因自然条件、社会经济条件及土地利用政策等因素的差异表现出强烈的时空异质性（甄霖等，2010），而人类活动及土地政策对三生功能的长久影响，使得三生功能之间出现了动态关系，即三生功能权衡，主要表现为互相促进的协同关系或此消彼长的权衡关系（张晓琳等，2019；李双成等，2013）。因此，生产功能、生活功能与生态功能之间并非是恒定的、独立存在的，三者之间存在着协同与权衡的关系。权衡和协同的研究源于生态系统服务评估，现已成为该领域的一个热点，并被逐步运用到土地利用功能的研究中。其中，权衡关系指一种功能的提升会削弱另一种或两种功能，它们之间呈现此消彼长的逆向变化趋势。协同关系是指当一种功能的提升促使另一种或两种功能也出现提升时，它们之间存在同向的变化趋势。三生功能权衡分析包括三生功能协调性，是指两个或两个以上的功能在发展过程中相互作用、相互制约的关系，亦体现了三生功能系统的动态平衡状态。

三生功能体现了在地区发展进程中，多个用地主体对土地资源的差异化需求，在其相互博弈过程中，通过协同与权衡作用，实现对使用功能的重新配置。具体表现为：生产功能作为三生功能的物质基础，可以为其他两种功能的发展奠定基础，并且生产功能的提升能够有效促进生活水平和生态环境治理水平的提高。但是，当生产功能处于过度状态时，会对生态环境造成挤压，致使环境恶化，降低人们生活质量。生态功能为人类提供各种生态产品和服务，支持和维护着生态系统安全，是生产、生活各项活动顺利开展的前提保障，良好的生态环境有利于改善人类生活环境，促进社会生产水平的提升。反之，生态功能退化会限制生产功能提升和生活功能改善。生活功能的主要目标是确保社会成员的日常需求得到满足，以维持社会的稳定和发展，其的提升关乎着人类对生活的美好追求。一般来说，健康、幸福的人们更倾向于更有创造力和生产力，从而有利于经济的繁荣。值得注意的是，工业化、城市化进程可能破坏生态系统的平衡，影响生态功能的稳定。

综上所述，三生功能之间关系密切，既相互独立，又相互影响。三个功能中的任何一个呈现不合理的极端状态都会打破三生功能系统的动态平衡状态，只有三个功能之间相互配合、彼此适应、共同作用才会使资源利用得到最大化的综合效益。另外，三生功能会呈现出空间异质规律和动态变化的关系特征。三生功能之间的初始关系特征很大程度上取决于地理区位这一自身因素，社会经济发展因素是致使三生功能关系发生变化的关键外部力量。三生功能表现出不同的协同和权衡关系特征，恰恰体现了功能之间的强弱关系，如何使三生空间的强势功能得到充分利用，弱势功能得到有效改善，是实现三生空间的优化开发的关键所在。

2.1.3　三生空间

三生空间是指生产、生活和生态三种空间。党的十八大报告提出"促进生产空间集约高效、生活空间宜居适度、生态空间山清水秀"的要求，为"三生空间"的优化指明了方向。三生空间的核心观点是以功能角度为切入点，并以此为基础来确立国土空间的开发格局。这一观点与国土空间规划中划定的"三区三线"政策相互协调、相互补充，共同构建了一个综合、协调的国土空间格局。三生空间的核心目标是通过合理规划和优化国土空间布局，推进经济社会的可持续发展，实现人民群众的美好生活愿景。生产空间、生活空间和生态空间的统筹协同利用是国土空间开发的侧重方向。

生产空间作为三生空间的重要组成部分，不仅是提供从事农业、工业创造和社会服务等生产活动条件及实物或虚拟产品服务的场所，还是创造社会经济价值的主要来源，具有至关重要的作用。生产空间的合理规划和高效利用，将推动生产要素的优化配置和产业的协调发展，提升经济效益和社会效益。同时，创新科技的应用也在逐步改变生产空间的模式，促进产业升级和转型，推动经济增长的质量和效率。

生活空间作为三生空间中的关键要素，提供居住承载、休闲娱乐、消费保障等服务的生活空间，直接关系到人们的居住和生活质量。生活空间体现着人性化设计和城乡一体化布局，保障人们在舒适宜居的环境中生活。

生态空间是三生空间的生命线，既是提供社会生产和生活消费所需物质资料、改善生态环境、调节和维持生态安全的基础空间，又是实现可持续发展的基础保障。生态空间已成为保护和修复生态环境、保持生态平衡、减少生态破坏、促进自然资源的合理利用和循环利用的重要区域。

三生空间是一种综合性的功能空间，是依据功能主导性为基础来塑造的国土空间格局。这种综合性的划分反映了国土空间的多重属性，涵盖了经济、社会和生态的各个方面。综上所述，三生空间概念与国土空间的功能服务效果紧密相连，三生空间是三生功能的载体，三生功能是三生空间的特征表现，两者息息相关，密不可分。

2.1.4 生态国土建设

国土既是生态文明建设和社会经济发展的物质基础，又是其空间载体，在现代化建设过程中具有战略性、全局性和根本性的地位，关乎国家经济安全、生态建设和社会发展。广义的国土是指人类社会生产、生活、发展所依赖的各种资源和条件，既包括自然资源，也包括社会资源和经济资源。党的十八大以来，党中央始终将生态文明建设放于全局工作的首要地位，将生态文明融入经济、政治、文化以及社会等建设之中，开辟一条生态优先、绿色发展、人与自然和谐共生的新道路。在生态文明战略的推进下，"生态国土"的建设已经成为当前社会各界的广泛共识和行动自觉，它是为了满足人们对美好生活的需求而制定的。

生态国土的构建需要综合考虑人口增长、经济发展、生态保护等多方面因素，追求生态、经济、社会三者的和谐统一。生态国土建设以生态系统为单元，以促进人与自然和谐共生为目标的国土空间开发保护体系，并在现代人居、生产生活以及资源环境之间建立更加紧密的协调机制。因此，生态国土建设不仅是为了满足人们对高品质生活的向往，更是为了保护和提供宝贵的生态产品和生态功能，以支撑生态健康和可持续的社会进步。

2.2 相关理论基础

三生空间是人地关系地域系统的交互耦合作用的结果，所涉及的相关理论较多。本书在梳理和学习大量理论知识的基础上，结合研究所涉及的功能权衡、空间识别及优化等方面的基础理论，总结分析所需要的主要理论。首先，本书以人地系统耦合理论为基础，作为探索三生功能间权衡关系的理论基石。其次，本书以比较优势理论和"木桶"理论为途径，作为空间识别及优化的理论基础。再次，本书以空间均衡理论为目标，结合区位理论构成三生空间优化的理论依据。最后，基于上述理论对三生空间功能权衡与格局优化展开研究（见图2-1）。

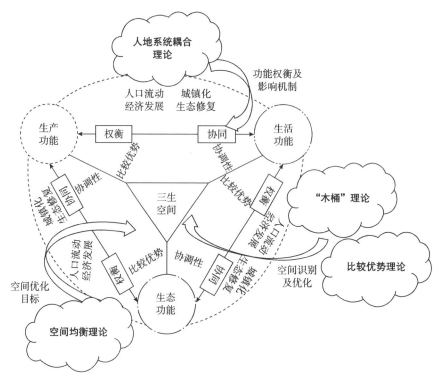

图 2-1 理论基础及其应用

（1）人地系统耦合理论

人地关系是人类社会与自然环境之间的一种客观关系，包括自然生态和人类社会两个系统，两个系统交互作用形成复杂的社会—生态耦合系统。人地关系并非是一成不变的，而是随着人类社会的发展，其对象广度和内容深度不断地发展。人地关系耦合是指人类社会系统与自然生态系统之间的相互作用和反馈而形成的动态关联（曹小曙，2019）。人地系统耦合理论强调多维度上单一要素与多元要素，以及多元要素之间的相互作用关系，反映了更高层次的综合性、复杂性、非线性等特征。三生空间系统是一种人地关系耦合系统，其格局与功能演变的过程亦是人地关系互动的过程，系统内部功能之间具有复杂的相互影响关系，并在系统内外部因素相互作用下呈现出动态的非线性特征。三生空间的形成体现了自然系统对人类活动的承载功能和反馈机制，以及人类活动对自然系统的空间占用和适应依赖。在人口、资源、环境问题日益突出，人地关系矛盾越发激烈的时代背景下，"人地协调论"更强调地理环境和人类社会两大系统的整体统一性。因此，人地系统耦合理论为探究城镇化与生态保护交互效应下三生空间的功能权衡特征提供了重要理论基础。

（2）比较优势理论

比较优势理论是英国古典经济学家大卫·李嘉图在亚当·斯密绝对优势理论的基础上提出来的。比较优势理论论述了在区域分工和生产专业化基础上，各区域之间开展贸易的互利性，一国较高的生产率意味着相应的产业具有较大的比较优势（Bernard et al.，2007）。国土空间资源属性及地域分布的异质性决定着特定区域能够按照比较优势利用资源，提高空间利用水平和利用效率。同时，某一国土空间也必定具备某种优势功能，并在国土空间识别与优化过程中发挥关键作用。将比较优势理论延伸至三生空间中，通常是指由于各个地区的自然资源条件、社会经济条件和土地利用政策等要素的不同，以及各种要素在空间上的不均衡分布，必然会导致各个地区三生空间功能形成不同的竞争优势。因此，将比较优势理论应用到三生空间优化实践中，就要求一个地区应依据土地资源禀赋和地域空间差异，综合开发利用优势功能，实现优势功能的互补，促进国土资源空间均衡配置。

（3）"木桶"理论

木桶原理是由美国管理学家彼得·德鲁克提出的，别称"木桶"理论，是指由很多块长短不一的木板组成的木桶，木桶的盛水量不取决于最长的那一块木板，而是取决于最短的那一块木板（廖燃和伍颖，2012；周伟和马书红，2003）。传统木桶理论强调决定水桶盛水量的关键因素是最短的板块，而非最长的板块（张茂省等，2020）。新木桶理论提出如果将木桶向长板方向倾斜，其储水量就比正立时的木桶多得多（汤放华等，2008）。新木桶理论改变了传统木桶理论单纯的补短思想，它不仅关注最短的木板，也重视最长的木板，而且也注意到了最长与最短的木板之间的差值大小。最短的木板对木桶的盛水量有影响，而最长的木板则决定了木桶可能达到的最大盛水潜力，它不仅代表着木桶本身的特点，还为其他各个木板的发展提供了参考依据，而最长木板与最短的木板之间的差值则指出木桶盛水的增量空间有多大。新木桶理论是一种新的、互补的、互相协调的整体，因而可以实现一种更为平衡的状态。新木桶理论为解决地区间发展失衡提供了一种新的思考方式。三生空间中既有发挥引领作用的优势功能，也存在起限制作用的短板功能。因此，统筹优化三生空间时应结合比较优势理论和"木桶"理论，寻找短板功能进行改善提升，同理，通过侧向放置木桶，发挥长板的最大作用，对优势功能进行强化，通过"扬长补短"实现国土空间资源合理利用最大化。

（4）空间均衡理论

在国土空间发展中，空间均衡可以从两个方面来理解：一是在数量结构上，区域内各城市在经济、社会和生态空间的数量上大致相同；二是在空间状态下，空间功能子系统之间相互作用、相互联系，但是各子系统并没有改变彼此的能力，区域各类功能子系统可以稳定地实现自身发展和功能维持。在国土空间开发过程中，各个地区之间的资源禀赋存在差异，不仅吸引资本、技术和劳动等要素的能力存在着差异，其空间开发水平也存在着一定的差异性。因此，即便空间主体为均质分布，区域间的发展情况也会存在明显异质性。空间均衡理论恰是可持续发展观在空间上的延伸和扩展，强调社会经济与资源环境协调的最优空间配置（樊杰等，2015）。本书所考虑的空间均衡是状态均衡而不是简单的数量均衡，在状态层次上的空间均衡，与空间功能相结合来说，就意味生产、生活及生态功能在空间上实现效益最优，集中了空间上人与人、人与地，以及人与自然的各种关系。三生空间是生产、生活和生态功能的复杂综合体，若三生功能处于冲突状态，则三生空间失衡；若三生功能处于协调状态，则三生空间均衡。因此，三生空间均衡发展就是不同地域功能空间发展利益协调与再分配的过程，空间均衡理论既是三生空间优化的指导思想，也是其根本目标。

（5）区位论

区位论是指某一主体所处的位置及其与其他主体或事物的空间联系。地域功能是特定地域在人地关系系统中所履行的职能和发挥的作用。地域功能的协调发展水平深刻影响着区域系统要素属性和空间结构，推动形成人地关系耦合系统（张玉等，2021）。从杜能的农业区位论到韦伯的工业区位论、克里斯塔勒的中心地理论、廖什的市场区位论，再到19世纪50年代以后区位论的新发展，在此过程中逐步建立发展起来区位分析框架，揭示了工业社会和短缺经济状态下，人类活动区位的一般规律。通过分析核心成本，明确不同区域、不同尺度下的人类活动区位选择模式，揭示了不同生产与生活活动对区位选择的差异规律，可以更好地发挥区域比较优势（樊杰等，2005）。区位论是土地资源优化配置的重要理论依据。因此，在对国土空间进行优化时，就应在土地区位理论的指导下，根据各种国土空间类型的特点，及其在自然地理、经济地理和交通地理中的区位分布特点，科学合理地将一定数量的土地要素分配到生产、生活和生态功能空间中，以达到最佳的国土空间结构和最优的国土空间布局，实现以最小的投资取得最大的综合效益的目标。

2.3 三生功能权衡的城镇化与生态保护交互影响框架

如图2-2所示，国土空间是以土地利用类型为外在表象，土地利用功能为内在本质，承载城镇化和经济增长的空间载体和物质基础。不同土地利用类型的产生源于满足生产集约、生活宜居、生态安全的需求（Zhang et al.，2019），而土地利用功能是土地利用类型产生的各种产品与服务，基于可持续发展的"生产-生活-生态"角度来看，可以分为生产功能、生活功能和生态功能（单薇等，2019；Yu et al.，2020）。其中，生产功能是农业和非农业生产提供的各种商品与服务；生活功能是保障人类生存和发展的住房、交通和娱乐休闲等服务；生态功能是土地生态系统为人类所服务的产品及效用（Liu et al.，2018）。土地利用功能包括土地生态系统的结构和过程，以及社会经济系统的产品和收益，国土空间作为功能空间，包含生产、生活和生态等多项功能。因此，三生功能刻画了三生空间中人地系统的相互反馈关系（Adam et al.，2015；Liu et al.，2018）。

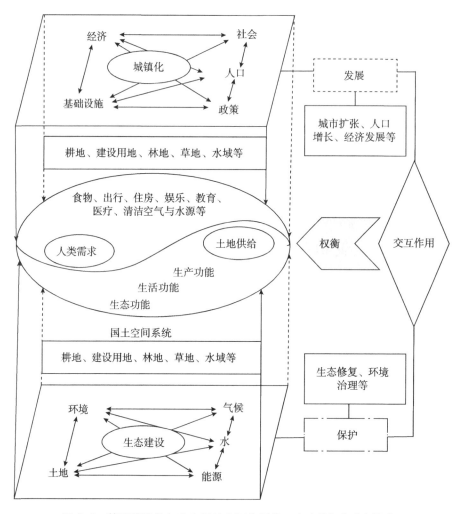

图 2-2　基于城镇化与生态保护交互作用的三生功能权衡分析框架

根据人地系统耦合理论，三生空间系统是按照人类社会的需求，将有限资源与物质生产组织起来的复杂的社会—生态系统。生态空间系统支撑着人类生产和生活，而人类的生产和消费活动又反过来影响着土地生态系统（刘超等，2016）。在社会发展的不同阶段，人类对于国土空间所提供的产品与服务，即土地利用功能需求存在差异，从而导致了三生功能之间复杂的交互作用。三生功能间的交互效应往往表现为选择某个或多个土地利用功能的同时，会有意或无意地增加或减少其他土地利用功能的供应，即三生功能的权衡。因此，三生功能的权衡是三生功能、土地资源稀缺性和人类需求偏好相互作用的结果，表现为权衡与协同的关系（Bennett et al.，2009；Meng et al.，2022）。其中，权衡关系是两个或两个以上的土地利用功能相互竞争关系，而协同关系是两个或两个以上相互协调关系。从本质上讲，三生功能之间的权衡或协同关系产生于人类对于土地利用管理的多个目标（如经济发展和生态保护）之间的冲突或双赢关系的需求偏好。

　　三生空间冲突本质上是土地利用生产-生活-生态功能之间权衡过程中的负向效应（黄金川等，2017；Zou et al.，2021）。作为经济发展的重要形式，城镇化通常表现在城市扩张、人口增长和经济发展等方面，从而改变了土地系统中的植被类型、生物化学要素循环和社会经济过程（Xing et al.，2021）。事实上，城镇化提高了土地利用强度和路网密度，改善了居民的生活条件（Hong et al.，2021），从而增强了生产功能和生活功能。然而，快速的城市扩张在提供居住、工业和交通空间的同时，却牺牲了农业和生态空间，忽视甚至破坏了生态系统（Lin et al.，2020）。众所周知，良好的生态环境是城市可持续发展的关键。生态环境恶化的严峻局势及生态文明理念的深入，使生态国土建设应运而生，提出了推进城镇化的同时更要保护生态环境的新要求。生态保护，包括生态修复和环境治理，已成为缓解无序城镇化过程中三生功能冲突和生态退化等问题的有效对策（Huang et al.，2012）。然而，生态保护在一定程度上减少了生态系统供给服务（如粮食生产），增加了工业生产成本（废弃物处理费用）。因此，城镇化和生态保护的交互耦合过程使得三生空间功能权衡变得更加复杂，特别是在生态更为脆弱、破坏较为严重的丘陵山区城市，快速城市化所造成的三生空间功能权衡效应更为强烈。因此，综合考虑城镇化和生态保护的交互影响效应，通过生态保护建设缓解快速城镇化进程造成的三生功能失衡，对于丘陵山区城市三生空间格局优化与可持续发展具有重要的理论和现实意义。

2.4 三生空间格局协调优化框架

自然环境是人类赖以生存的基础。如果经济发展过程中忽视环境保护，过度开发资源，破坏生态平衡，将导致自然灾害频发，资源枯竭，空气和水污染严重，威胁人类的健康和安全。过度开发和不负责任的经济增长模式难以持续，资源的不可持续利用将导致未来的经济衰退。三生空间系统是一个复杂的系统，具有耗散结构特征，其平衡状态达到系统间功能的协调最优化与负效应最小化。三生空间格局优化实质上是人类、自然环境和经济发展这三者之间的协调优化，表现为三生空间演化过程中生产功能、生活功能和生态功能子系统之间及其组成要素之间相互匹配、相互促进，形成三生空间演化的良性循环态势，从而保持三生空间系统整体输出功能和正效应状态。因此，实现三生功能之间的协调发展是解决三生空间格局冲突与资源配置矛盾的有效途径。

三生空间具有时空动态性、功能复合性等特征。三生功能之间协调或竞争的复杂关系，不仅影响着三生空间的形成与演化，而且影响着三生空间资源配置的有效性。随着时间推移和外部发展环境变化，三生空间功能表现出不同的优势地位、从属关系等。只有在系统地分析三生功能的基础上，根据各功能之间的协调或竞争关系，采取有效措施，使各个功能在时间和空间上协调发展，才能有效解决三生空间格局配置之间的冲突。因此，三生空间的格局优化更加侧重于生产、生活和生态功能间的高度耦合与良性循环，共同推动三生空间系统融合发展。

三生空间格局优化关乎经济、社会、生态效益的实现情况，强调在经济发展的同时必须兼顾社会公平和生态平衡，以确保长期的社会繁荣和可持续发展。因此，如图2-3所示，本书以人地系统耦合理论、比较优势理论、"木桶"理论和空间均衡理论为基础，采用力学平衡模型、比较优势指数等方法，通过对三生功能的强弱关系的考察，识别三生空间类型及其时空演化规律，判定三生空间不同发展阶段的优势与短板功能，因地制宜，发挥区域主导功能，补全短板功能，进而寻求三生空间格局优化的路径与策略，推动区域协调发展，维护人与自然环境之间的平衡，实现经济、社会和环境的和谐共存。

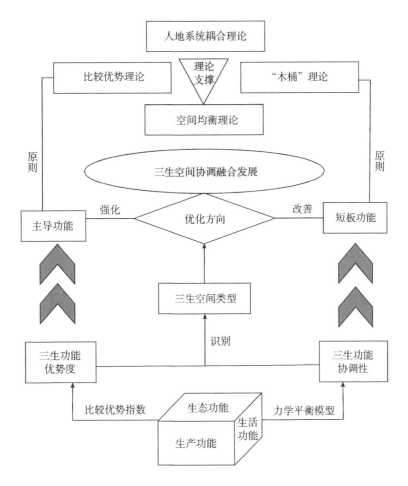

图 2-3 三生空间格局协调优化框架

3 研究区概况与数据处理

3.1 研究区概况

3.1.1 自然地理环境

襄阳市地处中国中部地区的腹地中心地带、湖北省西北部，土地总面积为 19727.68 平方千米，约占湖北省总面积的 10.6%。处于我国地势第二阶梯向第三阶梯过渡地带，地势自西北向东南倾斜，地貌类型多样。西部为山地，面积约为 8000 平方千米，约占总面积的 40.6%，平均海拔在 400 米以上，山谷陡深，土层浅薄。中部为丘陵岗地、兼有平原，面积约为 8700 平方千米，约占总面积的 44.2%，岗地平均海拔为 70~160 米，土层深厚，植被稀少，平原平均海拔多在 100 米以下，地势低平，土层深厚，土壤肥沃。东部是低山丘陵，面积约为 3000 平方千米，约占总面积的 15.2%，海拔平均在 200~400 米，山丘平缓，沟谷开阔，土层较厚。山脉分属荆山、桐柏山、大洪山、武当山四大山系。

襄阳市属亚热带季风型大陆气候过渡区，冬寒夏暑，冬干夏雨，雨热同期，年降水量约 800 毫米以上且多集中在夏季。如此地形和气候特征使土地开发与利用受到极大限制，也极易造成土壤侵蚀，水灾、旱灾害频发，其中

2019 年土壤侵蚀面积达到了 3541.72 平方千米。汉江穿城而过，在城市中形成一个天然的生态系统，年均径流总量达 80 亿立方米以上，丰富的地下水储量以及矿物化度低的地表水资源，为生产和生活发展提供了便利的水资源条件。

3.1.2 城镇化发展

襄阳市辖 3 个市辖区（樊城区、襄州区、襄城区）、3 个县级市（老河口市、宜城市、枣阳市）、3 个县（谷城县、保康县、南漳县）和 3 个开发区（襄阳鱼梁洲经济开发区、襄阳经济技术开发区、襄阳高新技术产业开发区）。2000~2020 年，襄阳市户籍人口由 565.7 万人增长至 588.9 万人，户籍人口增长速度位居全省第 3（见图 3-1）。其中，2020 年，樊城区、襄州区和枣阳市常住人口均超过 50 万人，分别为 63.2 万人、76.7 万人、88.9 万人，增速最快的就是高新区，年均增长率为 8.91%，常住人口为 30.5 万人。

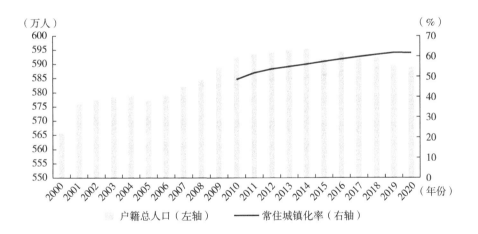

图 3-1　2000~2020 年襄阳市户籍总人口及城镇化率

资料来源：襄阳市统计局。

根据襄阳市统计局数据，2010~2020 年，襄阳市城镇化率由 48.5% 逐年增长至 61.66%。虽然襄阳市作为湖北省第二大城市，有着仅次于武汉的经济实力，但其城镇化水平在湖北省中排名第六。值得注意的是，襄阳市城镇化速度明显高于湖北省和全国平均水平，城镇发展不平衡，这也从另一个角度表明襄阳市内部的县（区、市）之间城镇发展不平衡。

襄阳市是湖北省的省域副中心城市和第二大经济城市。根据襄阳市统计局数据，从经济总量上来说，2020 年襄阳市实现地区生产总值 4601.97 亿元，2000~2020 年，人均 GDP 由 7225 元增加至 84773 元，年均增长 8.2%。2006 年之后，襄阳市人均 GDP 明显增快。随着城镇化的不断推进，襄阳市产业结构不断调整（见图 3-2），从第一、第二、第三产业的比重来看，由 2000 年的 23.4%、47.45%、29.15% 调整为 11.2%、45.7%、43.1%。2020 年，襄阳市实现第一产业增加值为 513.01 亿元，第二产业增加值为 2104.13 亿元，第三产业增加值为 1984.83 亿元。第二产业仍是该市的支柱性产业，特别是汽车产业处于龙头地位。

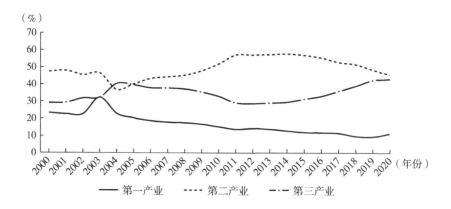

图 3-2　2000~2020 年襄阳市产业结构比重变化

资料来源：襄阳市统计局。

在 2021 年发布的《湖北省国民经济和社会发展第十四个五年规划和二〇三五年远景目标纲要》中，将襄阳市未来的发展定位为"中西部地区非省会龙头城市"。襄阳市不仅是长江中游城市群的重要成员，也是"襄十随神"城市群中心城市之一。作为湖北省"一主两副"都市圈的重要成员，襄阳市不仅要发挥其在"襄十随神"城市群中的协调引领作用，还需要充分发挥其在跨省合作中的作用，积极对接中原城市群和成渝城市群，这无疑会加速襄阳市的城镇化进程。

3.1.3 生态建设状况

在植物资源方面，襄阳市是一个以亚热带湿润性气候为主的城市，植物物种繁多，境内有国家级珍贵树种 61 种，其中不乏水杉、银杏等珍稀濒危物种。在生物资源方面，襄阳市是湖北省天然物种最多、生物多样性最丰富的地区之一。自"十三五"以来，襄阳市加大了对野生动物的保护力度，全市共有野生动物 100 多种，珍稀濒危物种和特有物种都得到了有效保护。在重点保护区域内已建成县级以上自然保护区、森林公园、湿地公园和地质公园。根据襄阳市生态环境局数据，自襄阳市"十三五"规划（2016～2020年）实施以来，全市共创建省级生态乡镇 37 个、省级生态乡村 367 个；同时完成了减排项目 1200 多个，建成 127 个乡镇污水处理厂，全面完成了"十三五"减排目标。"绿满襄阳"提升工程也取得了显著成效，2017～2020年，森林覆盖率由 42.61% 提高到 45.51%，其中南漳县、老河口市先后获得"湖北省森林城市"称号。截至 2024 年，襄阳市创建了国家森林乡村 31 个、省级森林城镇 14 个、省级绿色乡村 379 个、市级森林城镇 20 个、市级绿色示范乡村 103 个、市级森林乡村 51 个。

根据襄阳市住房和城市更新局数据，2005～2020 年，襄阳市市辖区建成区绿化覆盖面积由 2721.3 公顷稳步增长至 9119.66 公顷，其中公园面积由 982 公顷扩大至 2572 公顷，公园绿化面积也由 2742 公顷增长至 3760 公顷。相应地，建成区绿化覆盖率由 33.63% 增长至 41.64%。值得注意的是，环境空气质量优良天数波动下降（见图 3-3），这也从侧面反映出襄阳市的生态建设仍然面临着一系列问题。首先，在绿色发展方面，虽然襄阳市确立了以"两山"理论为基础的绿色发展理念，但在推动产业结构调整和发展方式转变方面还存在明显不足。其次，在环境质量方面，虽然襄阳市完成了国家和湖北省下达的环境质量目标和任务，但在污染物减排、大气污染防治等方面仍然有改善空间。最后，在生态治理水平方面，襄阳市正在考虑一系列行之有效的生态治理体系和治理能力现代化建设模式，但生态环境保护治理能力与国家和省的要求仍然存在较大差距。

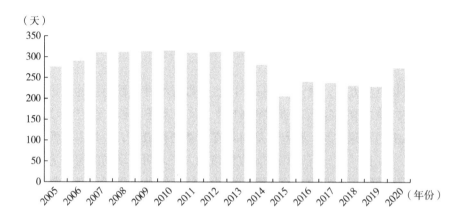

图 3-3 襄阳市环境空气质量优良天数

资料来源：襄阳市生态环境局。

3.1.4 土地利用现状

襄阳市的土地利用类型丰富多样，土地利用总体结构大致分为"五林一水三分田、一分道路与庄园"，耕地和林地占总面积比重较大。襄阳市第三次国土调查结果显示（见表 3-1），截至 2019 年底，林地面积占比最大（45.73%），主要分布在南漳、保康、谷城等县，林地是襄阳市的主要资源类型，丰富的林地资源为林副特产品生产提供了极大的便利。耕地面积（34.43%）次之，集中分布在襄州区、枣阳市、宜城市等。湿地面积占比最小（0.31%）。襄阳市约 87.72% 的城镇村及工矿用地主要分布在襄州区、樊城区、襄城区、老河口市、枣阳市等。

表 3-1 2019 年襄阳市土地利用现状及分布情况

主要土地利用类型	面积（hm²）	占比（%）	主要分布区
耕地	672082.25	34.43	襄州、枣阳、宜城等

续表

主要土地利用类型	面积（hm²）	占比（%）	主要分布区
园地	46756.96	2.40	枣阳等
林地	892523.01	45.73	南漳、保康、谷城等
草地	7228.87	0.37	枣阳、宜城等
湿地	6133.53	0.31	宜城、樊城、谷城等
城镇村及工矿用地	146091.01	7.48	襄州、枣阳、樊城等
交通运输用地	44437.1	2.28	襄州、枣阳、宜城等
水域及水利设施用地	136581.33	7.00	枣阳、襄州、宜城等

资料来源：襄阳市第三次国土调查主要数据公报。

襄阳市土地利用存在以下问题：①耕地面积有所减少，耕地质量有所下降。随着经济社会的快速发展，襄阳市城市扩张加快，由于大量城镇建设占用耕地，导致耕地面积日益减少，根据襄阳市自然资源和规划局统计数据，2014~2018 年，全市耕地共减少 649.22 公顷。同时，耕地后备资源开发整理难度大，部分山地丘陵地区土地开垦过度，导致水土流失，耕地农田损毁。城镇建设的"三废"排放也对周围耕地产生污染。②城乡用地缺乏统筹，农村土地利用效率低。城镇建设用地不断增长的同时，农村居民用地不降反增。根据襄阳市自然资源和城乡建设局统计数据，2005~2014 年，农村居民点用地面积由 86599 公顷增长至 94455 公顷，农村人均用地面积也由263 平方米增长至 382 平方米。

综上所述，在国家长江经济带战略和汉江生态经济带发展战略的实施与推进下，襄阳市作为"襄十随神"城市群和省域副中心城市、国家重要农产品生产基地，国土开发与建设力度逐渐加强。在此过程中，农业、建设和生态用地的空间矛盾也加剧了，一方面农业生产过程中的化肥农药污染不断加剧，另一方面大量建设项目的落地导致了原本脆弱的生态环境进一步恶化。同时，由于工业化和城市化进程的加快，土地供需矛盾日趋突出，土地利用功能之间冲突愈加激烈（Hu et al.，2020）。随着资源环境问题日益严峻及襄阳市城市化、工业化的快速发展，生产、生活、生态空间的冲突较为尖锐。因此，在快速城市化与生态保护并行的生态国土建设背景下，本书选取襄阳市作为丘陵山区城市研究案例具有良好的典型性和较强的借鉴意义。

3.2　数据来源与处理

本书中 2000 年和 2019 年土地利用数据均来自于中国科学院资源环境科学数据中心，其分辨率为 30 米①，同时土地利用类型被重新划分为耕地、林地、草地、水域、城镇建设用地、农村居民点用地、其他建设用地和未利用地（Deng et al.，2006）。气象数据，包括降水、气温、日照时数等，来源于中国气象科学数据共享服务网站②，并在 ArcGIS 10.6 软件平台采用样条法进行内插，将点数据转换成空间分辨率为 30 米的栅格数据。DEM 数据来源于地理空间数据云平台中的 ASTER GDEM V2 版本数据，分辨率为 30 米。土壤数据，包括有机质含量、土壤质地等，来源于中国科学院资源环境科学数据中心③。夜间灯光数据来源于李峰等（2020）的研究结果。全球植被连续型农田产品（1982~2016 年）由高大植被（高度≥5 米）组成，这来自于 Song 等（2018）的研究成果④。第二产业、第三产业、粮食产量、人口、公交客运周转量等社会经济数据均来自于《襄阳统计年鉴》（2001 年和 2020 年）。工业废弃物数据，包括工业废气、废水、固体废弃物的处理量等，均来源于《襄阳市生态环境状况公报》（2001 年和 2020 年）。道路和景区数据分别来源于襄阳市交通局、襄阳市文化和旅游局，在 ArcGIS 软件平台将其矢量数据转换为 30m 的栅格数据。具体数据来源如表 3-2 所示。

---

① https：//www. resdc. cn.
② http：//cdc. cma. gov. cn.
③ https：//www. resdc. cn.
④ https：//doi. org/10. 1038/s41586-018-0411-9.

表 3-2 数据来源

数据		来源
2000 年和 2019 年土地利用数据		中国科学院资源环境科学数据中心
气象数据	降水	中国气象科学数据共享服务网站
	气温	
	日照时数	
DEM 数据		地理空间数据云
土壤数据	有机质含量	中国科学院资源环境科学数据中心
	土壤质地	
夜间灯光数据		李峰等（2020）的研究结果
全球植被连续型农田产品（1982~2016 年）		Song 等（2018）的研究成果
社会经济数据	第二产业	《襄阳统计年鉴》（2001 年和 2020 年）
	第三产业	
	粮食产量	
	人口	
	公交客运周转量	
工业废弃物数据	工业废气的处理量	《襄阳市生态环境状况公报》（2001 年和 2020 年）
	工业废水的处理量	
	固体废弃物的处理量	
道路数据		襄阳市交通局
景区数据		襄阳市文化和旅游局

3.3 本章小结

襄阳市位于湖北省西北部，居汉水中游、秦岭大巴山余脉。地貌类型多样，包括西部山地，中部岗地、平原，东部低山丘陵三个基本地理单元，山、水、洲、林、园、耕要素齐备，土地利用以林地、耕地为主。全市产业发展仍以第二产业为主，城镇化速度明显高于湖北省和全国平均水平，但内部各城镇发展不均衡。近年来，襄阳市局部地区的生态环境已有所改善，但空气质量仍处于波动下降状态。因此，襄阳市城镇化的快速推进以及生态环境保护的迫切性，急需对其三生空间的功能权衡与格局优化展开研究。

4 三生功能权衡时空演化特征^①

4.1 研究方法

4.1.1 三生功能测度

基于3.1研究区概况分析得出，襄阳市的国土空间既需要为居民提供粮食、蔬菜等农副产品和住房、出行、餐饮等生活服务，又需要发展生态休闲旅游等新业态。遵循三生空间的系统性、指标的相对稳定性、数据的可获取性等原则，本书从生态保护、城市建设和粮食安全等发展需求视角出发，结合三生空间理论，将襄阳市国土空间功能划分为生产功能、生活功能和生态功能。在此基础上，本书初步构建了襄阳市1千米×1千米格网尺度的三生功能计算指标体系（见表4-1）。

①　本章内容已公开发表，有改动。参见：Liu C, Cheng L, Li J, et al. Trade-offs analysis of land use functions in a hilly-mountainous city of northwest Hubei Province：The interactive effects of urbanization and ecological construction [J]. Habitat International, 2023（131）：102705.

表4-1　三生功能表征指标的测度模型

功能	指标	计算方法	指标解释	权重
生产功能	农业生产	$Grain_i = \dfrac{Grain_i}{NPP_j} \times NPP_i$	$Grain_i$ 为格网 i 的粮食产量；$Grain_j$ 和 NPP_j 分别为县（区、市）j 的粮食产量和植被净初级生产力；NPP_i 为格网 i 的植被净初级生产力（Liu et al.，2018）	0.479
	非农生产	$G23_i = \sum \dfrac{G23_j}{S_j} \times S_i \times (1 + I_i)$	$G23_i$ 为格网 i 的二三产业产值；$G23_j$ 为县（区、市）j 的二三产业产值；S_j 和 S_i 分别为县（区、市）j 和格网 i 的灯光区和城乡建设用地面积之和；I_i 为格网 i 的平均灯光强度（Liu et al.，2021）	0.521
生活功能	居住承载	$POPD_i = \dfrac{POP_j}{URL_j} \times URL_i \times \left(1 + \dfrac{URNL_i}{NL_j}\right)$	$POPD_i$ 为格网 i 的人口密度；POP_j 为县（区、市）j 的总人口数；URL_j 和 URL_i 分别为县（区、市）j 和格网 i 的城乡建设用地面积；NL_j 和 $URNL_i$ 分别为县（区、市）j 和格网 i 的城乡建设用地的夜间灯光强度之和（刘超等，2021）	0.350
	出行保障	$TRG_i = \dfrac{LEN_i}{A_j} \times PAS_j$	TRG_i 为格网 i 的公路客运量；LEN_i 为网格 i 内公路的总长度；A_j 为县（区、市）面积；PAS_j 为县（区、市）j 的公路客运量	0.337
	休闲娱乐	$FRS_i = A_i \sum (Oppt_i + Pop_i + Road_i)$	FRS_i 为格网 i 休闲娱乐机会；A_i 为格网 i 的风景名胜区面积；$Oppt_i$ 为格网 i 到风景名胜区的距离；Pop_i 为格网 i 到城镇中心的距离；$Road_i$ 为格网 i 到主要道路的距离（Daniel et al.，2012；Qiu and Turner，2013）	0.313
生态功能	气候调节	InVEST 碳储量模块	计算方法详见 Tallis 等（2011）、Lu 等（2014）、Peng 等（2020）的研究成果	0.194
	水源涵养	InVEST 产水量模块		0.216
	生境维持	InVEST 生境质量模块		0.203
	土壤保持	RUSLE 模型		0.208
	洪水调蓄	$\ln(Cr_i) = 1.0115\ln(A_i) + 0.5688$	Cr_i 为格网 i 的湖泊可调蓄水量；A_i 为格网 i 的湖泊面积（潘方杰等，2018）	0.179

　　本书选择这些指标的依据如下：①襄阳市是湖北省重要的粮食生产区和制造业基地。因此，选取农业生产和非农业生产两个指标来表征生产功能。②考虑到为人类提供居住地是国土空间提供的基本生活功能；鄂西生态文化圈的繁荣发展带动外出旅游的体验需求日益凸显；交通是丘陵山区社会经济发展和居民出行最为重要的保障，因此，选择居住承载、出行保障和休闲娱

乐三个指标来表征生活功能。③襄阳市作为湖北省重要的生态功能区，承担着生物多样性保护、水土保持和防洪等重要职责，因此选取气候调节、生境维持、土壤保持、水源涵养和洪水调蓄等指标来表示生态功能。

本书在计算上述各功能指标的基础上，首先，采用极值法对指标进行无量纲化处理，使各指标值范围为0~1。其次，运用熵权法来确定各功能指标的权重（Saaty，1980；曾荣等，2018）。熵值法属于一种客观权重的确定方法，通过各指标值变异程度的高低说明指标的重要程度。指标变异程度和信息熵呈负相关，和重要性呈正相关，即指标信息熵越小权重越大；指标信息熵越大权重越小。该方法具有鲁棒性和单调性较高、数据信息恒定和缩放无关性等优点。熵值法以客观真实数据为基础，利用差异驱动原理，试图得到最佳权重，力图全面如实地反映指标数据中蕴含的各种信息，且赋权过程信度和效度较高，可以消除指标量纲对其影响，对数据进行标准化。进一步采用熵值法，给各个指标分配不同权重，采用线性加权法测算得到各项功能值。具体计算公式如下：

计算第 i 年第 j 项指标的权重：

$$p_{ij} = \frac{x'_{ij}}{\sum\limits_{i=1}^{n} x'_{ij}}$$

首先，利用 p_{ij} 计算第 j 项指标熵值：

$$e_j = -\frac{1}{\ln(n)} \sum_{i=1}^{n} p_{ij} \ln p_{ij}$$

其次，将熵值进行逆向转化：$g_j = 1 - p_j$，p_j 为效用值，p_j 值越大，则 x_{ij} 指标在综合评价体系中越重要。

再次，利用 g_j 计算各项指标的权重：

$$w_j = \frac{g_j}{\sum\limits_{i=1}^{n} g_j}$$

最后，采用线性加权求和模型和空间叠置法计算各单项功能值（Zhang et al.，2019；Fan et al.，2021），使三生功能在格网尺度上具有可比性。

$$LPF_i = \sum_{n=1}^{m} AE_i W_j; \quad LLF_i = \sum_{n=1}^{m} GH_i W_i; \quad LEF_i = \sum_{n=1}^{m} GS_i W_i$$

式中，LPF_i、LLF_i 和 LEF_i 分别为格网 i 的生产功能值、生活功能值和生态功能值；AE_i 为格网 i 的农业生产和非农生产等指标值；GH_i 为居住承载、出行保障、休闲娱乐等指标值；GS_i 为气候调节、水源涵养、生境维持、土壤保持和洪水调蓄等指标值；W_i 为各项指标权重。

4.1.2 三生功能协调性测度

三生功能间的交互与依赖是一种非线性动态耦合，可以通过耦合度来表示，具体公式如下：

$$Y = 3 \times \left\{ \frac{Q_i \times F_i \times L_i}{(Q_i + F_i + L_i)^3} \right\}^{1/3}$$

$$Y_1 = \left\{ \frac{Q_i \times F_i}{(Q_i + F_i)^2} \right\}^{1/2}, \quad Y_2 = \left\{ \frac{F_i \times L_i}{(F_i + L_i)^2} \right\}^{1/2}, \quad Y_3 = \left\{ \frac{Q_i \times L_i}{(Q_i + L_i)^2} \right\}^{1/2}$$

式中，Y 表示三生功能耦合度，$Y \in [0, 1]$，Y 值越小，三生功能间相互作用越小，反之越大，数值大小并不能代表利弊，其中 Y_1、Y_2、Y_3 分别代表生产-生活功能、生活-生态功能、生产-生态功能间的耦合度；Q_i、F_i、L_i 分别表示襄阳市的生产功能值、生活功能值和生态功能值。

耦合度模型表达的是各功能之间相互影响的强弱关系，并不能展示出各功能之间的耦合协调程度。因此，考虑到耦合度模型仅能够反映三生空间承载力之间的相互作用水平，无法反映三者之间的综合协调发展情况。为了防止出现三生功能值同时较低造成的高耦合现象，进一步引入协调度模型，构建研究区三生功能耦合协调度测度模型用以展示生产功能、生活功能和生态功能之间的协调状态，具体测算公式如下：

$$Z = \delta Q + \alpha F + \beta L \quad Z_1 = \delta_1 Q + \alpha_1 F \quad Z_2 = \alpha_2 F + \beta_2 L \quad Z_3 = \delta_3 Q + \beta_3 L$$

$$D = \sqrt{Y \times Z}$$

式中，D 表示三生功能耦合协调度；Z 为三生功能三者之间的耦合协调指数，用于反映三生功能的整体强弱，其分别能计算出两两功能间的耦合协调指数，由此产生的 $D1$、$D2$ 和 $D3$ 分别表示生产-生活功能、生活-生态功能以及生产-生态功能间的耦合协调；而 δ、α、β 分别表示生产功能、生活功能和生态功能的权重，考虑到襄阳市作为典型的丘陵山地城市，其生态空间广布，生态功能发挥着重要作用，因此本研究将其权重确定为 $\delta=0.3$、$\alpha=0.3$、$\beta=0.4$；$\delta_1=0.5$、$\alpha_1=0.5$；$\alpha_2=0.45$、$\beta_2=0.55$；$\delta_3=0.45$、$\beta_3=0.55$。

同时，结合相关学者的研究成果（王成等，2018；康庆等，2021；王文卉等，2023）以及实际计算结果，本书将三生功能协调性类型划分为四种类型：[0，0.3) 失调阶段；[0.3，0.5) 过度阶段；[0.5，0.7) 基本协调；[0.7，1) 高度协调。

4.1.3 三生功能权衡/协同关系测度

Spearman 相关分析有效地表明了两个变量之间关系的方向和强度，包含两个假设：一是变量是连续数据，即数据中不能出现离群值；二是两个变量应该有单调关系，即变量之间的关系方向应该是一致或者相反的。Spearman 相关系数是衡量变量之间单调关系强度的统计指标，经常被用于识别土地利用功能之间的相互作用（Wu et al.，2013）。因此，Spearman 相关系数的正负方向可以描述三生功能之间的权衡/协同关系，其系数绝对值可以表征权衡/协同程度，具体计算公式如下：

$$s = 1 - \frac{6\sum_{i=1}^{n} d_i^2}{n(n^2 - 1)}$$

式中，s 表示相关系数；d_i 表示 2 个变量分别排序后成对的变量位置差；n 表示样本的容量。s 越接近 ± 1，变量之间的单调关系越强，越接近 0，关系越弱。当 $s=\pm 1$ 时，变量之间完全相关；当 $s=0$ 时，变量之间没有关联。三生功能的权衡/协同程度分为弱（$0.1 \leqslant |s| < 0.3$）、中（$0.3 \leqslant |s| < 0.5$）和强（$|s| \geqslant 0.5$）三个等级（Schirpke et al.，2019）。

为进一步解释三生功能之间的空间相互作用，采用均方根误差模型来测度格网尺度上成对土地利用功能之间的权衡/协同关系（Lu et al.，2014）。因此，均方根误差模型往往被用来衡量土地利用功能之间的权衡程度，即通过成对的三生功能的坐标点到 1:1 直线的距离，即三生功能的平均收益偏差（Fan et al.，2021）（见图 4-1）。具体公式如下（Bradford and D'Amato，2012）：

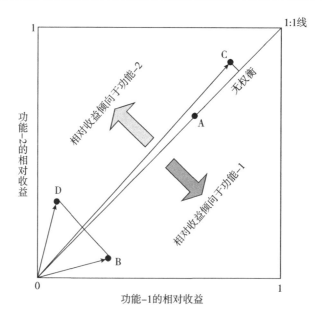

图 4-1 基于均方根误差模型的三生功能权衡示意图

注：点 A、B、C、D 是由两项功能的 RMSD 组成的坐标点。在 1：1 线上的权衡是 0，点与 1：1 线的相对位置表示在这对功能中，某一功能的收益情况。虽然 B 和 D 有相同的权衡程度（即与 1：1 线的距离相同），在 D 点对功能-2 更有利，而在 B 点对功能-1 更有利。因此，四个点的权衡可以排序为 B=D>C>D。

$$RMSD = \sqrt{\frac{1}{n-1} \times \sum_{i=1}^{n} \left(LUF_i - \overline{LUF}\right)^2}$$

式中，$RMSD$ 表示三生功能权衡程度指数；LUF_i 表示功能 i 的标准化值；$\overline{LUF}$ 表示功能 i 的期望值。$RMSD$ 的值越高，表示三生功能之间的权衡程度越强；$RMSD$ 的值越低，表示三生功能之间的权衡程度越弱。

4.2 三生功能时空变化分析

2000~2019 年，襄阳市生产功能平均值从 0.165 增长至 0.180。其中，高值区和较高值区（>0.290）主要集中在城市中部和东部，这与该区域工业发达、耕地资源丰富有关。低值区主要集中在城市西部，原因可能是西部受地形影响，不利于开展生产活动。从高值区和较高值区的变化来看，与2000年相比，2019年的高值区和较高值区域有所扩大，且在枣阳市和宜城市以及襄阳市市中心表现最为明显。值得注意的是，襄阳市西部地区的生产功能值均较低（<0.170）且呈现不断下降趋势，这反映出自然条件和生态保护政策制约了土地资源及其生产能力的开发。

2000~2019年，襄阳市生活功能平均值从0.044上升到0.050，呈现出空间中心—边缘结构。生活功能高值区和较高值区（>0.170）在市辖区和风景名胜旅游区呈现极核分布状态，其原因是城市中心的生活条件更好、服务更完善、居住承载功能较高，以及风景旅游区的游憩休闲功能较高。在城市经济、道路建设和旅游业快速发展的推动下，截止到2019年，生活功能的高值区和较高值区范围在城市县域中心都有所扩大，尤其是在襄城区、樊城区和襄州区，而低值区和较低值区（<0.090）仍基本分布在高值区的周围。

2000~2019年，襄阳市生态功能平均值从0.452增加到0.473。生态功能中值区明显减少，高值区和较高值区有所增加。可能原因是该地区加强生态建设，生态保护取得一定成效。以汉江为界，襄阳市西南部地区的生态功能值较高（>0.500），东北部地区的生态功能值较低（<0.410）。具体来说，生态功能高值区和较高值区多为森林和草地覆盖度较高的山区，生态环境质量较高。相比之下，汉江河谷平原流域和北部岗地平原是生态功能低值区和较低值区的集中分布区域，这是由于高强度的生产生活活动对生态环境造成了巨大压力，导致生态系统功能受到损害。

4.3 三生功能协调性特征分析

2000~2019年，襄阳市三生功能协调性分布格局整体上未变，局部有所提升。其中，东部和西部地区高度协调区域和基本协调区域有所扩张，过度区域和失调区域有所缩减，失调区域向过度区域转变在襄城区、樊城区与襄州区较为显著。高度和基本协调区域主要位于中部岗地平原及东南部低山丘陵地区，这是因为该区域受工业化和城市化影响，生产和生活功能显著提高，生态压力虽较大，但未到生态承载临界值，使得三生空间功能协调性较高。中部岗地平原及东南部低山丘陵地区具有良好的生态本底、土地资源条件，该地区生产和生活功能的提高使得该区域对生态环境具有一定的承载能力。过度和失调类型区域多位于西部山区和东北部丘陵岗地，其中西部山区如谷城县和保康县受制于脆弱的自然环境和缓慢的社会经济发展，经济增长缺乏持久动力，生产和生活功能远低于生态功能，因此呈现失调状态。东北部丘陵岗地，如襄州区、襄城区、枣阳市生产和生活功能远高于生态功能，处于失调状态。其原因可能是该地区经济发展较快，大量建设用地侵占生态用地，地区植被稀少，生态环境较脆弱。

4.4　三生功能权衡特征分析

4.4.1　三生功能权衡总体变化特征

Spearman 秩相关系数表明生产功能、生活功能和生态功能之间的权衡与协同关系存在差异（见表4-2）。具体来说，生产与生活功能之间存在弱协同关系（$|s| \leq 0.3$），这与建设用地是非农生产和居民生活的主要空间载体密切相关。2000~2019 年，襄阳市生产与生活功能之间的协同程度虽有所增强，但仍相对较弱。生态与生活功能、生态与生产功能之间存在权衡关系，表明生产和生活功能的提高会导致生态功能的降低，这主要受到建设用地扩张导致植被覆盖度下降的影响。具体来说，2000~2019 年，襄阳市生态功能和生活功能之间的权衡程度较弱，但在逐渐变强，原因是城市建设和旅游业的蓬勃发展使得建设用地不断侵占绿色植被，从而导致生态系统功能退化严重。自 2000 年伊始，由于退耕还林、还草工程的实施，植被得到一定程度

的恢复，因此生态功能与生产功能的权衡程度处于中等等级（$0.3 \leqslant |s| <$ 0.5），并在研究期间权衡程度趋于减弱。

表4-2　2000年和2019年三生功能之间的Spearman秩相关系数

年份	Spearman 秩相关系数		
	生产与生活功能	生活与生态功能	生态与生产功能
2000	0.196 ***	−0.095 ***	−0.445 ***
2019	0.240 ***	−0.100 ***	−0.351 ***

注：*** 表示在 0.01 水平上显著。

4.4.2　三生功能权衡空间变化特征

根据均方根误差模型计算得到三生功能之间的权衡程度指数（RMSD），采用自然间断点分级法，将其分为强权衡区、较强权衡区、中等权衡区、较弱权衡区、弱权衡区5个级别，生成三生功能权衡变化的空间分异图。

生产功能和生活功能空间权衡特征。2000年和2019年的生产-生活功能空间权衡程度平均值分别为0.191和0.213。2000~2019年，襄阳市强权衡区和较强权衡区域（RMSD>0.360）集中在汉江河谷平原和东部岗地平原，其占全市土地面积的比例从22.38%增加到28.95%，其中，枣阳市、宜城市、老河口市的增加最为明显。同时，枣阳市、宜城市和老河口市的生产功能与生活功能之间的权衡程度随着农业生产能力的提高而加强。弱权衡区和较弱权衡区（RMSD<0.220）主要位于生产功能和生活功能值较低的西部山区。相比之下，在襄阳市市区和南漳县，由于生产功能和生活功能同时增加，两者的权衡程度被削弱。

生产功能和生态功能空间权衡特征。2000年和2019年的生产-生态功能空间权衡程度平均值分别为0.281和0.290。2000~2019年，襄阳市生产功能与生态功能之间的弱与较弱权衡区（RMSD<0.230）分别占全市土地面积的44.75%和39.45%。具体来说，弱权衡和较弱权衡区域集中在城市的中部和东部，这些区域耕地、林地和草地分布广泛，它们提供了丰富的农产品的

同时也具有重要的生态系统功能。强权衡区与较强权衡区（RMSD>0.350）分别占全市土地面积的42.40%和42.80%，主要分布于襄阳市西部，尤其是保康县、南漳县和谷城县。这些地区多为山地，林地丰富，限制了农业和工业的发展，具有较高的生态功能和较低的生产功能。同时，由于高强度的生产活动削弱了生态功能，强权衡区和较强权衡区也分布在各县域中心城区。

生活功能和生态功能空间权衡特征。2000年和2019年的生活-生态功能空间权衡程度平均值分别为0.354和0.372。在空间分布上，2000~2019年强权衡区和较强权衡区（RMSD>0.400）占主导地位，分别占全市土地面积的43.03%和50.04%，而弱权衡区和较弱权衡区（RMSD<0.320）分别占34.06%和29.84%。其中，襄阳市西部的保康、南漳、谷城等县和汉江水域的生活功能和生态功能均有较强的权衡程度，表现为高生态功能和低生活功能。同时，弱权衡区与较弱权衡区主要分布在襄阳市的中部和东部。值得注意的是，风景旅游区作为景观丰富的区域，同时具有审美娱乐价值和生态系统服务。因此，生活功能和生态功能呈现出较弱的权衡特征。

4.5 本章小结

2000~2019年，生产、生活和生态功能保持着不同的增长趋势和空间格局。生产功能平均值由0.165增长至0.180，高值区和较高值区主要集中在襄阳市中部和东部，低值区主要在襄阳市西部，呈现出东高-西低结构。生活功能平均值从0.044上升到0.050，呈现出空间中心-边缘结构，生活功能高值区和较高值区在市辖区和风景名胜旅游区呈现极核分布状态，低值区基本分布在高值区的周围。生态功能平均值从0.452增加到0.473，以汉江为界呈现出西南高-东北低结构，生态功能高值区和较高值区多为森林和草地覆盖度较高的山区，汉江河谷平原流域和北部岗地平原是生态功能低值区和较低值区的集中分布区域。

生产功能、生活功能和生态功能之间的权衡与协同关系随时间推移和地区差异而变化。生产与生活功能之间存在弱协同关系，生态与生活功能、生态与生产功能之间存在权衡关系。生产功能和生活功能的强权衡区域主要集中在汉江河谷平原和东部岗地平原，且权衡程度不断加强；弱权衡区域主要位于西部山区，且权衡程度不断减弱。生产功能和生态功能的强权衡区域主要分布于襄阳市西部，分布在各县域中心城区，弱权衡区域集中在襄阳市中部和东部。生活功能和生态功能主要集中在襄阳市西部，弱权衡区域分布在襄阳市的中部和东部。

5 生态国土建设对三生功能权衡的影响机制[①]

5.1 研究方法

5.1.1 三生功能权衡/协同关系测度

三生功能协调性采用均方根误差模型进行测度。具体方法详见本书章节"4.1.3 三生功能权衡/协同关系测度"。计算结果详见本书章节"4.4 三生功能权衡特征分析"。

5.1.2 城镇化水平测度

城镇化水平表征了区域土地利用程度及人口、经济等承载能力，是国土空间开发强度的重要测度指标（陈明星等，2019；Hu et al.，2020）。DM-SP/OLS 夜间灯光数据常用来分析城镇化水平，能够有效反映经济活动和城市扩张的空间强度（Feng et al.，2020；Yang et al.，2021）。因此，本书结

合 DMSP/OLS 夜间灯光数据中平均灯光强度和灯光面积来衡量城镇化水平（陈晋等，2003）。具体计算公式如下：

$$UL_i = I_i \times W_1 + S_i \times W_2$$

$$I_i = \sum_{j=1}^{63} DN_{ij} \times \frac{n_{ij}}{N \times 63}$$

$$S_i = \frac{AreaN}{Area}$$

式中，UL_i 为格网 i 的城镇化水平指数；I_i 和 S_i 分别为格网 i 的平均灯光强度指数和灯光面积指数；W_1（0.8）和 W_2（0.2）分别为 I_i 和 S_i 的权重；DN_{ij} 为格网 i 中第 j 等级的灰度值；n_{ij} 为城市内第 j 灰度等级的灯光像元总数；N 为城市所有灯光像元总数；$AreaN$ 为城市所有灯光像元总面积；$Area$ 为城市总面积。

5.1.3 生态保护水平测度

我国为恢复区域绿色植被和治理环境污染采取了生态退耕、污染治理等多种生态建设工程及政策措施。生态保护是我国在新时期为恢复区域植被和治理环境污染所采取的重要战略部署。在《全国主体功能区规划》中，生态修复被视为生态保护的重要组成部分，环境治理被视为生态保护的重要支撑。本书认为，生态保护由生态修复和环境治理两部分组成。其中，生态修复是通过生态退耕、荒漠化治理等自然植被的恢复解决生态退化等问题，环境治理是通过对废气、废水、固体废弃物的生态化处理解决环境污染等问题，实现废弃资源的再生化与再利用。因此，本书通过分别计算生态修复强度和环境治理效率来衡量生态保护水平，这不仅可以理解到生态保护措施对三生功能权衡的影响机制，而且有效地区分了城镇化背景下不同类型生态保护项目的社会生态效应。

（1）生态修复强度测度

植被分布场（Vegetation Continuous Fields，VCF）数据可表征当地高峰生长季节时的植被构成状况，包括树冠垂直投影覆盖的地表比例（Tree Canopy，TC）、除树木以外的植被（灌木、草本植被和苔藓）覆盖的地表比例（Short Vegetation，SV）和未被植被覆盖的地表比例（Bare Ground，BG）（Song et al.，

2018)。TC-SV-BG 关系变化在方向上具有强耦合性和一致性，但也具有显著的空间差异性（王晓峰等，2019）。本书基于 Matlab R2016a 平台，采用 Theil-Sen 斜率估计和 Mann-Kennal 趋势检验的方法获取襄阳市 1982~2016 年 TC、SV 和 BG 的变化状况。仅当 M-K 检验显著（P<0.05）时，用 Theil-Sen 斜率估计计算每个像元的净变化值。因此，生态修复强度计算公式如下：

$$ERI_i = \Delta TC_i + \Delta SV_i - \Delta BG_i$$

式中，ERI_i 为格网 i 的生态修复强度；ΔTC_i、ΔSV_i 和 ΔBG_i 分别为格网 i 的 TC、SV 和 BG 的变化值。

（2）环境治理效率测度

环境治理是以污染防治和生态环境改善为目标的制度体系，通过限制各种经济体的污染物排放，从而保护生态和生活环境（黄志基等，2015）。工业废水排放达标率、工业废气处理率和工业固体废弃物综合利用率是环境治理效率的关键表征指标（于立和曹曦东，2019），因此本书选取上述表征指标的平均值来衡量襄阳市的环境治理效率。考虑到环境治理是从区域整体上改善生态环境的，因此将工业废水排放达标率、工业废气处理率和工业固体废弃物综合利用率以县域为单位进行统计，通过县域内均质化处理实现格网尺度上环境治理效率的空间化具体计算公式如下：

$$EGE_{ij} = (WCR_{ij} + GTR_{ij} + SUR_{ij}) / 3$$

式中，EGE_{ij} 为县（区、市）j 内格网 i 的环境治理效率；WCR_{ij} 为县（区、市）j 内格网 i 的工业废水排放达标量与废水排放总量的比值；GTR_{ij} 为县（区、市）j 内格网 i 的工业废气处理量（二氧化硫、灰尘、烟尘）与排放总量的比值；SUR_{ij} 为县（区、市）j 内格网 i 的固体废物综合利用量与固体废弃物产生量的比值。

5.1.4 空间误差模型

三生功能权衡在空间上受地理环境和社会经济的非稳定性影响（Fan et al.，2021；Liu et al.，2021）。城镇化和生态保护是影响三生功能之间权衡的关键因素（Romanelli et al.，2018；Zhang et al.，2021）。考虑到城镇化与生态保护在过程、机制、规模等方面的累积性和时滞性，以及研究数据的可获得性，本书以 2019 年为时间节点，从空间角度重点分析城镇化与生态保护对三生功能权衡的影响效应。基于此，选取三生功能权衡程度作为因变量，以城镇化水平、生态修复强度和环境治理效率及其交互项作为自变量。

空间误差模型（SEM）和空间滞后模型（SLM）是刻画不同的空间作用模式的常用空间模型（Lesage et al.，2009）。本书对 SLM 和 SEM 模型的空间效应形式进行 LM 检验（Elhorst，2005），得到 LMlag、LMerror、R-LMlag 和 R-LMerror 后，发现 SEM 模型效果更好。SEM 模型是在模型中的误差项设置空间滞后因子，能够在估计参数之间引入更复杂的交互作用机制（杜挺等，2016）。因此，本书采用 SEM 模型探讨城镇化和生态保护对三生功能权衡的单独影响及其交互影响，计算公式如下：

$$Y = X\beta + \lambda W\varepsilon + \mu$$

式中，Y 为三生功能权衡度的 $1 \times n$ 向量；X 为城镇化、生态修复强度、环境治理效率及其交互项的 $k \times n$ 向量；ε 为空间随机误差的 $1 \times n$ 向量；λ 为回归残差之间的空间相关系数；W 为 $n \times n$ 矩阵的权重值；μ 为区域随机扰动项。

5.2 城镇化和生态保护对三生功能权衡的影响机制分析

5.2.1 城镇化和生态保护因素对生产-生活功能权衡的影响

如表 5-1 所示，模型 1 和模型 2 分别考察了城镇化和生态保护对生产-生活功能权衡的单独影响。环境治理效率和城镇化水平的回归系数分别为 −0.015（$p<0.01$）和 −0.028（$p<0.05$），表明生产-生活功能空间权衡受到环境治理和城镇化的负向影响，即投入的污染治理资金越多，城镇化水平越高，生产和生活功能之间的权衡程度越低。生态修复强度的回归系数为 0.037（$p<0.01$），表明生态修复加剧了生产与生活功能权衡程度，这是因为退耕还林、还草等生态绿化项目可能在提升生态功能和游憩功能的同时阻碍

了粮食生产功能。

表5-1　城镇化和生态保护因素及其交互项对生产-生活功能权衡的影响

变量	生产功能与生活功能权衡程度			
	模型 1	模型 2	模型 3	模型 4
城镇化水平（UL）	−0.028 **	—	−0.030 **	−0.029 **
环境治理效率（EGE）	—	−0.015 ***	−0.030 ***	—
生态修复强度（ERI）	—	0.037 ***	—	0.037 ***
UL×EGE	—	—	−0.022 **	—
UL×ERI	—	—	—	−0.004
控制变量	Include	Include	Include	Include
Likelihood	−15285.365	−15276.990	−15277.185	−15274.707
R^2	0.772	0.773	0.773	0.773

注：***、**和*分别表示在1%、5%和10%的水平上显著。余表同。

随后，在模型1中分别引入环境治理效率、生态修复强度与城镇化水平的交互项，得到模型3和模型4。城镇化与环境治理效率的交互项系数为负（$p<0.05$），这说明良好的环境污染治理能够强化城镇化对生产功能与生活功能权衡的负向影响，因为城镇化水平的提高和污染治理投入的增加既加快了工业发展，又改善了居民生活环境（康庆等，2021）。值得注意的是，生态修复强度与城镇化水平的交互项为−0.004，未通过显著性检验，表明生态修复强度与城镇化水平的交互作用对生产-生活功能权衡影响并不显著。

5.2.2　城镇化和生态保护因素对生产-生态功能权衡的影响

如表5-2所示，模型5和模型6分别测度了城镇化和生态保护对生产-生态功能权衡的单独影响。城镇化水平的回归系数为0.048（$p<0.01$），说明城镇化水平越高，生产与生态功能之间的权衡程度越强。环境治理效率和生态修复强度的回归系数分别为−0.035（$p<0.01$）和−0.131（$p<0.01$），表明污染物减排和植被恢复等生态建设措施减弱了生产-生态功能权衡程度。

表5-2 城镇化和生态保护因素及其交互项对生产-生态功能权衡的影响

变量	生产功能与生态功能权衡程度			
	模型5	模型6	模型7	模型8
城镇化水平（UL）	0.048***	—	−0.080**	−0.016
环境治理效率（EGE）	—	−0.035***	−0.146***	—
生态修复强度（ERI）	—	−0.131***	—	−0.139***
UL×EGE	—	—	0.011	—
UL×ERI	—	—	—	0.032**
控制变量	Include	Include	Include	Include
Likelihood	−32325.050	−32326.840	−32224.828	−32118.012
R^2	0.674	0.675	0.664	0.634

在此基础上，将环境治理效率和生态修复强度及其与城镇化水平的交互项分别引入模型5，得到模型7和模型8。城镇化水平与环境治理效率的交互项系数为0.011，但未通过显著性检验。城镇化水平与生态修复强度的交互项系数为0.032（$p<0.05$），表明城镇化可能加剧生态恢复较好区域的生产功能与生态功能权衡程度。生态修复增加了林地的同时减少了耕地，加上城市土地扩张占用了大量耕地，这必然会加剧农业生产功能与生态调节功能之间的矛盾。

5.2.3 城镇化和生态保护因素对生活-生态功能权衡的影响

如表5-3所示，模型9和模型10分别考察了城镇化和生态保护对生活-生态功能权衡的单独影响。城镇化水平的回归系数为0.046（$p<0.01$），表明在城镇化发展较快的地区，生活与生态功能之间的权衡程度更高。环境治理效率的回归系数为−0.220（$p<0.01$），表明在污染治理投入较多的地区，生活与生态功能之间的权衡程度较弱。此外，生态修复强度对生活与生态功能权衡的影响不大。

表5-3 城镇化和生态保护因素及其交互项对生活-生态功能权衡的影响

变量	生活与生态功能权衡程度			
	模型 9	模型 10	模型 11	模型 12
城镇化水平（UL）	0.046***	—	0.027***	-0.061***
环境治理效率（EGE）	—	-0.220***	-0.146***	—
生态修复强度（ERI）	—	0.012	—	-0.015*
UL×EGE	—	—	-0.042***	—
UL×ERI	—	—	—	-0.036**
控制变量	Include	Include	Include	Include
Likelihood	31798.411	31299.556	32116.731	32037.900
R^2	0.659	0.648	0.669	0.669

将环境治理效率、生态修复强度及其与城镇化水平的交互项分别引入模型9，得到模型11和模型12。城镇化水平与环境治理效率的交互项系数为-0.042（p<0.01），说明增加污染治理投入会削弱城镇化对生活-生态功能权衡程度的加剧效果。原因可能是良好的环境治理往往是以更高的资源利用效率和环境标准来排放更少的污染物。城镇化水平与生态修复强度的交互项系数为-0.036（p<0.05），表明生态修复有助于缓解城镇化加剧生活-生态功能权衡程度的效应。这是因为城市森林公园建设和水岸线修复，如鱼梁洲中央生态公园、樊城环形绿岛、襄州"一江两河"生态景观建设，以及庭院绿化工程等改善了人居生态环境，能够吸引更多的居民来城市定居、吸引游客前往风景名胜区。

5.3 城镇化和生态保护对三生功能权衡的交互影响机制

城镇化和生态保护是丘陵山区城市平衡经济发展和生态保护的重要举措，深刻影响着三生功能及其权衡（Awasthi et al.，2017；Ouyang et al.，

2021）。自 2000 年以来，襄阳市经历了快速的城镇化的同时，也在不断推进生态保护建设工程，对三生功能权衡产生了更加复杂的影响（见图 5-1）。

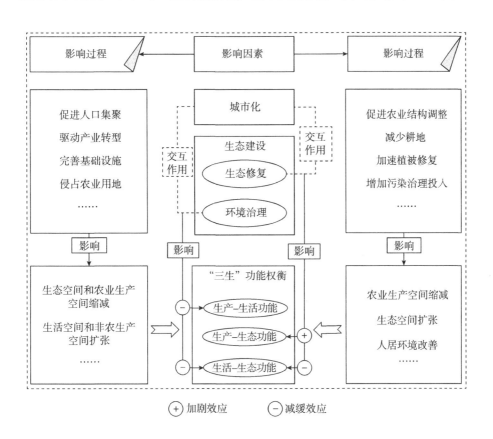

图 5-1　襄阳市城镇化与生态保护的交互效应对三生功能权衡的影响机制

2000～2019 年，襄阳市城镇化率由 27.57%增长到 61.7%，建成区面积由 165 平方千米增长到 365 平方千米。快速城镇化导致城乡地理空间经历了持续转型过程，提升和损害土地利用功能两种情况同时发生，这与 Peng 等（2017）的研究成果相互印证。快速的城镇化聚集了大量人口，发展了新兴产业，改善了交通（Wang et al.，2018），使得生产功能和生活功能协同改善。然而，人口和产业的高密度集聚不可避免地产生了更多生产和生活空间的需求，表现为不断增加的城市用地和道路建设。这必然导致植被覆盖的减少、生态系统的破坏和土地资源的浪费，从而加剧了三生功能之间的不平衡。例如，生态退耕以及对荒漠化治理和污染排放控制等生态建设措施缓解了生态功能与其他功能之间的权衡关系。随着汉江生态经济带建设的推进，襄阳市日益注重国土综合整治，使得该市的生态功能明显增强。值得注意的是，襄阳市的生态修复政策并未因植被恢复而降低农田生产力，这得益于农业科技进步。

然而，城镇化与生态保护的交互作用对三生功能权衡的影响机制有所不同。环境治理与城镇化的交互作用削弱了生活功能与其他功能的权衡关系，但对生产与生态功能权衡的影响较弱。污染治理主要针对城市工业生产造成的环境问题，因而对居民的生活质量和生态环境影响显著，但对企业的生产能力影响较小。城镇化与生态修复的交互作用加剧了生产与生态功能权衡程度，减弱了生活与生态功能的权衡程度。这是因为生态退耕主要是对农业用地（例如，耕地、园地、林地和草地）之间的调整，对农业和非农业生产的影响仍然远远小于城镇化的影响（李波等，2018）。近年来，襄阳市对江岸、路边、城市及其周边地区的生态绿化缓解了城镇化对人居环境和生态环境带来的拥挤、污染等问题。

5.4　本章小结

城镇化缓解了生产-生活功能之间的权衡程度，但同时加剧了生态-生产功能、生态-生活功能之间的权衡程度。城镇化过程中的环境治理弱化了三生功能之间的权衡程度，而生态恢复并不一定会弱化三生功能之间的权衡作用。

生产-生活功能权衡中，投入的污染治理资金越多、城镇化水平越高、生产和生活功能之间的权衡程度越低，但生态修复加剧了生产与生活功能之间的权衡程度。良好的环境污染治理能够强化城镇化对生产-生活功能权衡的负向影响，生态修复强度与城镇化水平的交互作用对生产-生活功能权衡影响并不显著。

生产-生态功能权衡中,生产与生态功能之间的权衡程度随城镇化水平的提高而增强,但污染物减排和植被恢复等生态建设措施减弱了生产-生态功能权衡程度。城镇化过程中环境治理对生产-生态功能权衡影响不显著,但城镇化可能加剧生态恢复较好区域的生产与生态功能权衡程度。

生活-生态功能权衡中,城镇化发展较快的地区,生活与生态功能之间的权衡程度更高,但在污染防控投入较多的地区,生活与生态功能之间的权衡程度较弱,生态修复强度对生活-生态功能权衡的影响不大。增加污染治理投入会削弱城镇化对生活-生态功能权衡程度的效果,生态修复有助于缓解城镇化加剧生活-生态功能权衡程度的效应。

6 城镇化对三生功能协调性的影响阈值效应

6.1 研究方法

6.1.1 三生功能协调性测度

三生功能协调性采用耦合协调模型进行测度。具体方法详见本书 4.1.2 节"三生功能协调性测度"。计算结果详见本书 4.3 节"三生功能协调性特征分析"。

6.1.2 城镇化水平测度

城镇化主要体现在人口迁移、经济发展、空间扩张和生活水平提高四个方面（刘耀彬等，2005）。经济发展是基础、人口迁移和地域扩张是表现，生活水平提高是最终结果或目标（黄金川和方创琳，2003）。也就是说，生活水平的提高是人口增长、经济发展和建设用地扩张的结果，可以由它们来体现。目前，城镇化水平测度的方法并不统一，主要为单一指标法与综合指数法（Yang et al.，2019）。单一指标法通过城镇化率（城市人口占总人口比重）来反映城镇化水平，该方法简单有效且便于横向比较，但会忽略城镇化过程中经济、产业、土地和生活方式等一系列转变，无法全面反映城镇化水平。综合指数法则是基于人口、社会、经济、空间等多方面内涵的指标体系来测度综合城镇化水平，与单一指标法相比，综合指数法更能反映城镇化的总体特征和综合水平（Wang et al.，2012；Yu et al.，2021）。

本书选择的城镇化测度指标包含人口城镇化、经济城镇化和土地城镇化三个方面，即表征人口城镇化的人口规模、反映经济城镇化的经济水平和描述土地城镇化的建设用地面积。此外，如果用总量指标来量化，单位规模的变化会影响城镇化水平，为了消除这种影响，对城镇化指标进行了处理，以获得密度值。具体而言，选取 2020 年的人口密度（人/平方千米）、GDP 密度（万元/平方千米）和建设用地比例（%）分别表征人口城镇化、经济城镇化和土地城镇化。

6.1.3　分段线性回归

为了明确三生功能协调性与城镇化之间的关系，采用分段线性回归方法确定城镇化对三生功能协调性的影响阈值，该方法使用 R 语言进行。分段线性回归可用于识别长时间序列数据中的转折点（一个或多个），该方法的原理是采用拐点前后的线性拟合，当残差平方和最小时，得到分段拟合的最优解（刘宪锋等，2014；Peng et al.，2017；唐红林等，2022）。与简单线性回归相比，分段线性回归能够更好地揭示变量之间关系的真实趋势。其计算公式为：

$$y = \begin{cases} \beta_0 + \beta_1 x + \varepsilon, & x \leqslant \alpha \\ \beta_0 + \beta_1 (x - \alpha) + \varepsilon, & x > \alpha \end{cases}$$

式中，y 为三生功能权衡；x 为城镇化水平；α 为转折点上的城镇化水平；β_0 和 β_1 为系数；ε 为误差项。

在本书中进行分段线性回归分析的基本单元是 1 千米×1 千米格网。鉴于指标原始值过大及计量单位不同，本书采用人口密度和 GDP 密度的对数进行分段线性回归分析。考虑到涉及计算的数据量过大，本书采用分层抽样的方法对指标数据进行抽样，从而进行分段线性回归分析。

6.2 城镇化空间格局特征

从空间格局上看，2020年，襄阳市三种城镇化模式即经济城镇化、人口城镇化和土地城镇化的空间格局基本一致，城镇化水平从城市中心向外围逐渐降低。总体而言，城镇化水平在樊城区和襄城区较高，其次是中东部的老河口市、襄州区、枣阳市和宜城市，最低的是西部的谷城县、南漳县和保康县。湖北省统计局数据显示，2020年，襄阳市樊城区城镇化水平最高，平均人口密度为365人/平方千米，平均GDP密度为10721万/平方千米，平均建设用地占比为15.35%。西部保康县城镇化水平最低，平均人口密度为40人/平方千米，平均GDP密度为422万/平方千米，平均建设用地占比为0.71%。这是因为樊城区是襄阳市的中心城区，也是经济发展的核心，城市区位优越，交通便利，拥有强大的经济实力和丰富的劳动力资源，具有较强的产业集聚能力。樊城区城市人口密度高，基础公共设施较完善，经济总量稳步上升，增长保持中高速，贸易服务业发达。全区坚持走新型工业化道路，大力实施创新驱动发展战略，以装备制造、汽车及零部件、电子信息、医药化工为主导产业的结构优化、技术创新、附加值高的现代化工业体系正在形成。樊城区作为襄阳市政治中心、文化中心和行政中心，城镇化发展相对较快。而保康县地处荆山山脉和武当山余脉，山陡谷深，土层浅薄，地貌类型复杂多样，地形呈"四山一水三分田"的特征。因自然条件的影响，水土流失面积大、程度深，农业生产条件较差，经济发展滞后，产业基础较为薄弱。受自然环境、经济发展水平、产业结构的影响，导致城镇化水平相对偏低。

然而，三种城镇化模式之间存在着一定的差异。与经济城镇化和土地城镇化相比，人口城镇化的空间集聚特征更为明显，而经济城镇化与土地城镇化则相对均衡。人口城镇化水平最高的樊城区，平均人口密度为365人/平方千米，而人口城镇化水平最低的保康县，平均人口密度为40人/平方千米。而经济城镇化和土地城镇化从城市中心向城市边缘呈现逐渐衰退趋势。这一趋势可能是由于农村人口向城市迁移，可能导致城市中心人口的突然增加，而经济增长和建设用地扩张是一个长期的过程。

6.3 不同城镇化模式对三生功能协调性的影响阈值

2020 年，襄阳市的人口城镇化、经济城镇化、土地城镇化对三生功能协调性的影响存在明显的阈值效应，且在阈值前后，人口城镇化、经济城镇化、土地城镇化对三生功能协调性的影响呈现出不同的特征，即三生功能权衡–协同–权衡交替并存（见图6-1）。总体来说，人口城镇化的阈值是人口密度为 1366 人/平方千米，三生功能之间关系属于过度类型，即权衡关系；

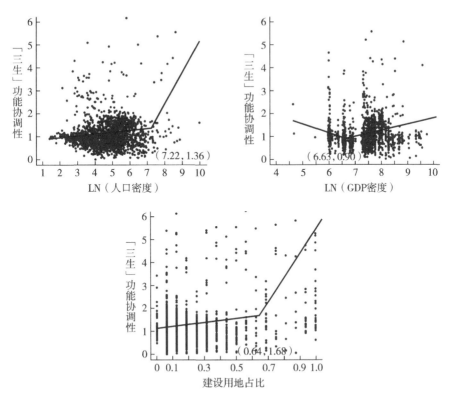

图 6-1　2020 年襄阳市城镇化对三生功能协调性的影响阈值

经济城镇化的阈值是 GDP 密度为 757.5 万元/平方千米，三生功能之间关系属于高度协调类型，即协同关系；土地城镇化的阈值是建设用地占比为 64%，三生功能属于过度类型，三生功能之间是权衡关系。

人口城镇化对三生功能协调性的影响最为明显，且始终呈线性正相关关系。人口城镇化影响阈值为 1366 人/平方千米，三生功能之间属于过度类型。在阈值范围内的地区，随着人口城镇化程度的增加，三生功能在权衡关系中小幅变化，此时人口密度的增加对三生功能协调性影响较小。超过阈值的地区，三生功能协调性随着人口城镇化程度的增加变化明显，人口密度超过 1366 人/平方千米后，人口密度的增加对三生功能权衡关系影响较大。经济城镇化对三生功能协调性的影响呈现先减后增趋势。经济城镇化的阈值是 GDP 密度为 757.5 万元/平方千米，三生功能关系属于高度协调类型。在阈值范围内的地区，随着经济城镇化程度的加深，三生功能之间是协同关系，实现理想功能配比，GDP 的快速增加强化了三生功能之间的协同关系。超过阈值的地区，随着 GDP 的增加，三生功能从协同关系转变为权衡关系，GDP 密度超过 757.5 万元/平方千米，GDP 密度的增加对三生功能协调性影响增大。土地城镇化对三生功能协调性的影响呈线性正相关关系，与人口城镇化对三生功能协调性影响趋势走向一致。土地城镇化的阈值是建设用地占比为 64%，三生功能关系属于过度类型。在阈值范围内的地区，随着土地城镇化程度的增加，三生功能在权衡关系中变化较小，建设用地的扩张对三生功能权衡/协同影响较小。超过阈值的地区，三生功能权衡关系伴随着土地城镇化程度的增加变化明显，建设用地占比超过 64%后，建设用地的持续扩张对三生功能权衡关系影响较大。

人口城镇化和土地城镇化对三生功能权衡/协同的影响趋势具有一定的相似性。其原因可能是人口城镇化主要通过对城市交通、住房、休闲娱乐及公共设施等社会需求不断增长来驱动地区土地利用/覆盖发生显著变化，进而推动土地城镇化的进程；土地城镇化主要通过人口城镇化对城市交通等社会需求不断增长来驱动地区土地利用/覆盖发生显著变化，进而推动土地城镇化的进程。在阈值范围内的地区，人口和土地城镇化程度越高，三生功能之间关系从高度协调逐渐变成过度类型，即从协同关系转变为权衡关系；随着经济城镇化程度的加深，三生功能之间关系从失调转变为高度协调类型，即从权衡关系转变为协同关系。超过阈值的地区，人口、经济、土地城镇化程度的加深，对三生功能协调性的影响越来越明显，三生功能之间关系变为失调类型。但与人口和土地城镇化相比，经济城镇化程度的加深对三生功能协调性的影响较小，三生功能处于过度且接近失调的状态。

6.4　不同地貌条件下的城镇化对三生功能权衡的影响阈值

按照中国地形分类，平原海拔在 200 米以下，丘陵海拔在 200～500 米，山地海拔在 500 米以上。襄阳市地形大体分为西部山地，中部岗地、平原，东部低山丘陵三个基本地理单元。其中，山地平均海拔 400 米以上，岗地海拔在 70～160 米、平原在 100 米以下，低山丘陵海拔在 200～400 米。因此，根据中国地形分类标志以及结合襄阳市实际条件，将襄阳市地形按照小于 200 米、200～400 米和大于 400 米来划分，小于 200 米为岗地平原地区、200～400 米为低山丘陵地区、大于 400 米为山地地区。

6.4.1　岗地平原地区城镇化对三生功能协调性的影响阈值

2020 年，襄阳市岗地平原地区人口城镇化和土地城镇化对三生功能协调性影响的趋势与襄阳市人口城镇化和土地城镇化对三生功能协调性影响的趋势走向一致，而经济城镇化对三生功能协调性影响的趋势与襄阳市经济城镇化对三生功能协调性影响的趋势走向明显不同（见图 6-2）。其中，人口城镇化和土地城镇化均呈现出先缓慢增加再剧烈增加的趋势，其影响阈值分别为 1326 人/平方千米和 62%，与襄阳市人口和土地城镇化阈值接近，此时三生功能关系属于过度类型，即权衡关系。经济城镇化对三生功能协调性影响呈现出先增加后平稳的趋势，影响阈值为 3010.9 万元/平方千米，三生功能关系属于过度类型。

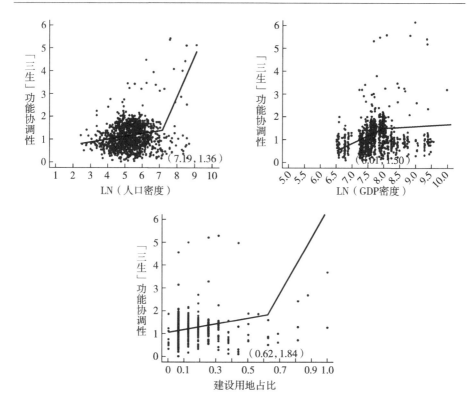

图 6-2　2020 年襄阳市岗地平原地区城镇化对三生功能协调性的影响阈值

　　岗地平原地区经济城镇化对三生功能协调性影响趋势与襄阳市整体不同的原因可能是地势平坦，人口集聚，更适合大规模开展农业生产和非农建设，经济发展较快，更容易实现资源能源的循环利用。随着经济发展，工业和服务业发展水平逐步提高、生产功能逐步提高、生态功能不断下降。在影响阈值范围内的地区，工业化和城镇化快速推进，消耗大量的资源能源且利用效率低下，产生大量污染，导致生态环境压力过大，生产功能强化，三生功能之间权衡关系强化。超过影响阈值的地区，城市在经济总量的增长的同时，对环保投资的需求也会增加。正是由于经济能力增强，城市更具有能力进行环保投资，也就是在保障生产功能不下降的情况下，在一定程度上淘汰影响生态功能提升的高污染、高能耗、高排放产业，三生功能之间权衡关系逐渐弱化。

6.4.2　低山丘陵地区城镇化对三生功能协调性的影响阈值

2020年，襄阳市低山丘陵地区城镇化对三生功能协调性影响的趋势与襄阳市城镇化对三生功能协调性影响的趋势走向均不相同（见图6-3）。其中，人口城镇化呈现出先增后减的趋势，阈值为39人/平方千米，三生功能关系属于过度类型，即权衡关系；经济城镇化呈现出一直递增的趋势，阈值为1881.8万元/平方千米，三生功能属于过度类型；土地城镇化呈现出先减后增的趋势，阈值为47%，三生功能关系属于高度协调类型，即协同关系。

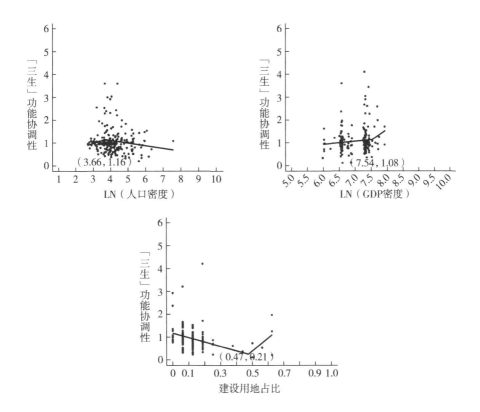

图6-3　2020年襄阳市低山丘陵地区城镇化对三生功能协调性的影响阈值

低山丘陵地区面积较小，且分布较散，承载的人口密度有限，平均人口密度为 71 人/平方千米，因此，低山丘陵地区人口城镇化影响阈值较小。值得注意的是，人口和经济城镇化对三生功能协调性的影响较小，三生功能基本上属于过度类型，可能原因是城市地区能够获得相较于农业更高的经济收入和工资水平，从而吸引大量人口向城市地区聚集，加速了人口向城市的流动，给城市经济带来充足的劳动力。人口的集聚使得城市地区人才、资本、技术等资源集中，能够有效促进城市第二、第三产业的发展。随着城镇化进程的推进，城市地区经济水平持续增强，生产和生活功能得到提升并占据重要位置，且生态功能处于临界值。

土地城镇化对三生功能协调性的影响使三生功能关系实现过度-高协调-过度类型的转变，即在权衡-协同-权衡间转变。其原因可能是在影响阈值范围内的地区，城市建设用地的增加扩充了城市经济发展、城市基础设施建设等用地面积，使得城市交通条件得到了极大的改善，居民的出行环境也得到了优化，且城市生态环境压力相对较小，生产功能、生活功能得到提升，生态功能小幅增强，三生功能实现理想配比。超过影响阈值的地区，经济发展导致能源化石燃料的消耗强度增大，这一过程导致区域生态环境退化程度加剧，人类社会经济活动对区域生态系统的干扰强度不断增大。但随着社会经济的发展，城市建设用地持续增加，耕地、林地、湿地等生态绿地面积比重相对缩减了，造成城市生态系统服务功能减弱，其生态修复能力和对污染物的净化功能下降，三生功能呈现权衡关系。

6.4.3 山地地区城镇化对三生功能权衡的影响阈值

2020 年，襄阳市山地地区经济城镇化对三生功能协调性影响的趋势与襄阳市经济城镇化对三生功能协调性影响的趋势走向一致，而人口城镇化和土地城镇化对三生功能协调性影响的趋势与襄阳市人口城镇化和土地城镇化对三生功能协调性影响的趋势走向不同（见图 6-4）。其中，经济城镇化呈现出先减后增的趋势，阈值为 962.9 万元/平方千米，三生功能关系属于高度协调类型，即协同关系；人口城镇化呈现先增后减的趋势，阈值为 284 人/平方千米，三生功能关系属于过度类型，即权衡关系；土地城镇化呈现出一直递减的趋势，阈值为 13%，三生功能关系属于基本协调类型，即协同关系。

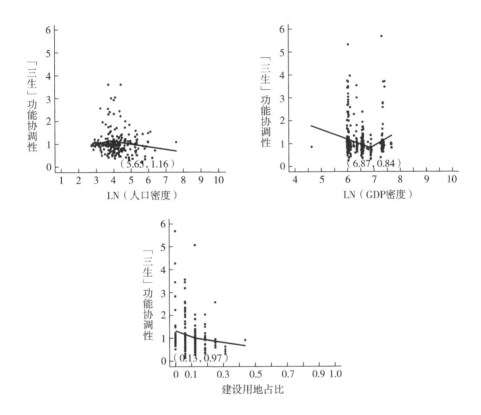

图 6-4 山地地区城镇化对三生功能协调性的影响阈值

山地地区由于地形起伏较大，地貌类型复杂多样，往往造成山地地区的自然条件十分脆弱，自然生态系统极易受到破坏，因此山地地区社会经济发展相对缓慢，主要以生态功能为主，生产功能和生活功能弱于生态功能。人口城镇化和土地城镇化对三生功能协调性影响的趋势走向与襄阳市不同，其原因可能是在影响阈值范围内的地区，由于人口的快速集聚以及城市建设用地的快速扩张，导致生态环境韧性难以承载，三生功能协调性受到严重影响。超出影响阈值的地区，城镇化积极应对生态环境的变化，优化调整城市建设用地,合理规划绿色生态空间,使三生功能间的权衡关系弱化,逐渐向协同关系发展。

6.5　城镇化对三生功能协调性的影响机制

城镇化内部各子系统相互影响,人口是城镇化的核心,土地是城镇化的载体,经济是城镇化的动力。城镇化会导致生产功能、生活功能和生态功能之间的关系发生变化,影响三生功能协调性。而且,城镇化对三生功能协调性的影响是非线性的,存在明显的阈值效应。在影响阈值范围内的地区,随着城镇化进程的快速扩张,生产功能和生活功能占据主导地位,三生功能之间关系属于过度类型,即权衡关系。超出影响阈值的地区,随着城镇化的迅速发展,土地利用方式发生了显著变化,用地需求也发生变化。由于城市建设用地需求的增长,远远超过了城市自身所能提供的土地资源,导致土地利用功能间的冲突。另外,资源能源的低效利用和建设用地的扩张,侵占了生态用地,致使生态环境压力过大,超出了区域生态承载临界值,生产功能和生活功能的提升速度远高于生态功能,导致三生功能之间矛盾突出,三生功能间权衡关系得到强化(见图6-5)。

人口城镇化是影响三生功能协调性的主导因素。人口城镇化表现为人口由农村向城市转移。与之相适应的是城市空间和人口规模不断扩大,人口密度增加,职业结构也发生了改变。具体表现为:一方面,城市人口增加,给城市经济带来充足的劳动力资源,使城市经济在原有的基础上获得了新的发展动力;另一方面,城市第二、第三产业快速发展,经济水平持续增强,提高了居民的收入水平和生活质量,进而提高了城市的生产功能,使生产功能在原有的基础上不断得到强化。但是,人口规模的加速扩张,城市各个方面基础设施并没有得到相应的完善,使得各种资源能耗不断增加,这不仅使城市生态承载力不堪重负,而且也使城市生活和生态功能无法得到有效提升。另外,随着人口密度的过度增加,人口集聚效应更加明显,使得各类用地需求也随之发生变化,从而致使生态环境压力过大、土地利用功能冲突加剧,生产功能和生活功能高于生态功能并成为主导功能，进一步强化了三生功能间的权衡关系。

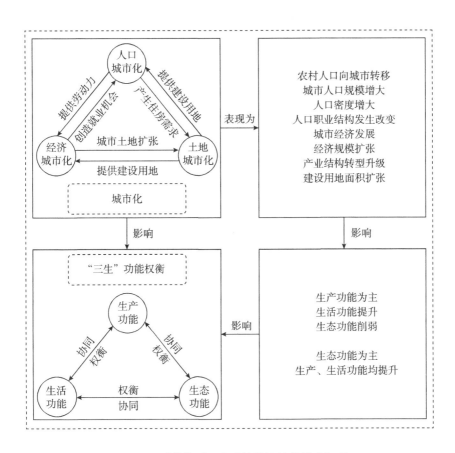

图 6-5 城镇化对三生功能协调性的影响机理

经济城镇化是影响三生功能协调性的基本动力。经济城镇化表现为城市经济规模扩张和产业结构转型升级。随着工业化的推进，城市的经济快速发展，产业结构逐步从农业主导向工业主导转变。特别是城市第二、第三产业发展迅速，基础设施建设逐步完善，带动了人口增长和产业集聚，提升了经济总量，增加了对生态资源和服务功能的需求。但此时，襄阳市经济发展仍以高耗能发展模式为主，产业结构以第二产业为主，资源能源消耗过多且消耗速度过快，增加了生态环境压力，生产功能、生活功能的增强在一定程度上削弱了生态功能，致使生产功能、生活功能和生态功能矛盾突出，三生功能间权衡关系增强。

土地城镇化是影响三生功能协调性的重要驱动力。土地城镇化表现为建设用地面积的扩张。城市人口不断增加的过程，也是城市建设用地规模不断扩大的过程。在这一过程中，建设用地的扩张在增加城市发展空间的同时，也在大量侵占耕地，造成耕地资源紧张。同时，土地城镇化衍生而来的城市交通扩展也给生态环境带来了严重的影响，如景观破坏和噪声污染等问题。随着城市人口的增长和经济的发展，城市建设需要更多的建设用地，而大量建设用地被开发利用，过度挤压生态用地，增加了自然景观损失程度，进而导致生态系统结构的破碎化和复杂化。综上所述，城市建筑密度的增加和城市地域范围的扩展以及产业结构、人口结构等因素，造成了土地资源供给与人类社会经济需求之间关系紧张，使三生功能间权衡关系进一步强化。

6.6　本章小结

襄阳市城镇化发展格局在三种模式下都是从城市中心向外围不断发展，经济城镇化、人口城镇化和土地城镇化在空间格局上具有一致性，但三种模式也存在一定差异性。主要表现为：与经济城镇化和土地城镇化相比，人口城镇化的空间集聚特征更为明显。

人口城镇化、经济城镇化和土地城镇化对三生功能协调性的影响存在明显的阈值效应，且在影响阈值范围前后对三生功能协调性的影响呈现出不同的特征。人口城镇化、经济城镇化和土地城镇化对三生功能协调性的影响阈值，分别为1366人/平方千米、757.5万元/平方千米和64%。

基于城镇化模式和地貌类型的异质性，城镇化对三生功能协调性的影响阈值效应也呈现出异质性特征。人口和土地城镇化对三生功能协调性的影响呈现出曲折上升的特征，而经济城镇化对三生功能协调性的影响呈现出不对称"V"型特征。

7 植被覆盖对三生功能协调性的 影响阈值效应[①]

7.1 研究方法

7.1.1 三生功能协调性测度

三生功能协调性采用耦合协调模型进行测度。具体方法详见本书"4.1.2部分三生功能协调性测度"。计算结果详见本书"4.3节三生功能协调性特征分析"。

7.1.2 像元二分模型

像元二分模型（又称像元二分法）是一种简单实用的线性模型，常用于植被覆盖度的估算（佟斯琴等，2016）。它假定一个像元常由植被覆盖部分和无植被覆盖部分组成，即可以将通过遥感传感器所观测到的每一个像元信息看作是由这两个组分因子线性加权合成的，而各因子的权重是由各自的面积在像元中所占的比率决定的。这种方法不仅考虑了像元内各成分之间的相对贡献，

---

① 本章内容已公开发表，有改动。参见：Liu C，Hao M J，Tang N W，et al. Threshold effects of vegetation cover on production-living-ecological functions coordination in Xiangyang City，China [J]. Environmental Monitoring and Assessment，2024（196）：1202.

而且考虑了像元成分之间的相对贡献。归一化植被指数（NDVI）可以很好地反映某一地区不同时期植被的长势以及不同区域植被的覆盖情况。因此，本书采用像元二分模型，基于 NDVI 估算研究区的植被覆盖度，计算公式如下：

$$FVC = \frac{NDVI - NDVI_{soil}}{NDVI_{veg} - NDVI_{soil}}$$

式中，FVC 表示像元中纯植被所占的面积比例，即植被覆盖度；$NDVI$、$NDVI_{soil}$ 和 $NDVI_{veg}$ 分别表示任意像元、纯土壤像元和纯植被像元的 $NDVI$；通常情况下，使用累计概率为 95% 和 5% 的 $NDVI$ 值来代替。

7.1.3　相关性分析

区域三生功能协调性很大程度上受到自然条件和人类活动等因素的共同影响，这种耦合关系具有很大的不确定性（陕永杰等，2022；刘愿理等，2019）。为解决这种不确定性，利用线性相关性分析法分析植被覆盖对三生功能协调性关系的响应，已成为学者们较为成熟的研究方法。相关性分析是研究变量之间不确定关系的常用分析方法，其核心思想是以两个变量为研究对象，通过建立数学模型来反映它们之间的关系。本书借助 R 语言和 ArcGIS 10.8.1 软件，利用 Pearson 相关系数来分析植被覆盖与三生功能协调性之间的相关关系，为了验证这一结果，采用显著性检验方式进行验证。计算公式如下：

$$r = \frac{\sum_{i=1}^{n}(x_i - \overline{x})(y_i - \overline{y})}{\sqrt{\sum_{i=1}^{n}(x_i - \overline{x})^2}\sqrt{\sum_{i=1}^{n}(y_i - \overline{y})^2}}$$

式中，r 表示植被覆盖与三生功能协调性之间的相关系数，其取值范围为 $[-1, 1]$，当 $r > 0$ 时，说明 x 与 y 呈正相关关系；当 $r < 0$ 时，说明 x 与 y 呈负相关关系；当 $r = 0$ 时，则说明 x 与 y 不存在线性相关关系。$\overline{x}$、$\overline{y}$ 分别表示植被覆盖度与三生功能协调性关系的平均值。

7.1.4　弹性系数

通过分析植被覆盖度与三生功能协调度的弹性系数来识别植被影响的阈

值。弹性系数是指植被覆盖每增加1个单位所带来的三生功能间协调性的变化，表征植被覆盖影响的强度和效率（张琨等，2020）。弹性系数通过植被覆盖与三生功能协调性的函数进行求导获取，并计算弹性系数最高点对应的植被覆盖度值即为植被对三生功能协调性的影响阈值，该阈值表示植被覆盖对其影响达到最大。设为三生功能协调性与植被覆盖度之间的函数表达式，则弹性系数为：

$$DF = \frac{d(D)}{d(FVC)}$$

式中，DF 为弹性系数；D 为三生功能协调性指数；FVC 为植被覆盖度。

考虑到格网尺度下，研究区域内数据的重叠性和数据量的庞大性，从而影响到数据拟合效果。因此，本书基于前人的研究成果（冯雪力等，2010；王海宾等，2015）以及本书数据的实际特征，最终选用分层抽样的方式抽取样本进行影响阈值研究，并依据戴伦纽斯（Dalenius）和霍杰斯（Hodges）提出的累计等值平方根法确定植被覆盖度的最优分层。

7.2 植被覆盖的空间分布特征

2019年，襄阳市植被覆盖整体呈现西高东低的格局特征。结果显示，襄阳市70%以上的区域处于较高和高植被覆盖区（0.6≤FVC<1），中等植被覆盖度（0.4≤FVC<0.6）、较低植被覆盖度（0.2≤FVC<0.4）和低植被覆盖度（0≤FVC<0.2）分别占研究区总面积的15.15%、6.38%和6.46%。从空间分布上看，襄阳市植被覆盖空间聚集特征显著，其中较高和高植被覆盖区主要分布于南漳、保康、谷城西南山区以及宜城西南部、枣阳东南丘陵地区。这是因为襄阳市西南部以山地为主，东部为低山丘陵，是亚热带落叶阔叶、常绿阔叶混交林的集中分布区，植被覆盖度远高于全市其他地区；襄阳市中东部的大部分区域为中植被覆盖区域，其大致与襄阳市农业生产区、乡村居民点保持一致。与此同时，较低和低植被覆盖区域主要集中于襄阳市中部平原地区，尤其是樊城区、襄州区和襄城区等中心城区，这与襄阳市的地

势特征、城镇化进程以及经济发展水平密切相关。由此可见，襄阳市植被覆盖度整体较高，但区域分布差异较大，这与襄阳市的气候变化、地形以及人类活动等因素的空间分异特征有直接关系（李焱等，2022；王一等，2023）。

7.3 植被覆盖对三生功能协调性的影响

7.3.1 植被覆盖与三生功能协调性的关系

2019 年，植被覆盖与三生功能协调性的关系表现为：植被覆盖度与三生功能协调性的关系呈负相关的区域占研究区总面积的 65.91%。从总体空间分布来看，植被覆盖度与三生功能协调性的关系呈显著正相关的区域主要集中于襄阳市西部乡镇发展区、襄阳市中部地区；而两者呈显著负相关的区域则主要集中于襄阳市西部谷城、保康县和南漳县植被覆盖度较高的自然生态保护区以及东部各县域的中心城区。

2019 年，植被覆盖与生产-生活功能协调性的关系表现为：FVC 与生产-生活功能间的协调性关系呈负相关的区域占研究区总面积的 70.57%，明显大于其呈正相关的区域，表明较多区域植被覆盖的提高会导致生产-生活功能协调性的下降。在空间上，两者呈负相关关系的区域集中在襄阳市西部山区以及东部各县域中心城区。而两者呈现正相关关系的区域主要集中于襄阳市中部地区。

2019 年，植被覆盖与生活-生态功能协调性的关系表现为：植被覆盖度与生活-生态功能协调性的关系呈正相关和负相关的区域面积分别占研究区总面积的 51.76% 和 48.24%。在空间分布上可以看出，植被覆盖度与生活-生态功能协调性关系在西部地区呈现出的区域差异性相对显著，其中两者呈现正相关关系的区域集中分布在乡镇发展区域，相反地，在植被覆盖度较高的生态保护区则表现出明显的负相关关系；而在中东部地区的整体分布差异较小，整体呈均匀分布。

2019 年，植被覆盖与生产－生态功能协调性的关系表现为：植被覆盖度与生产－生态功能协调性间的关系呈负相关的区域占研究区总面积的 68.55%，总体沿西北－东南方向分布，主要位于襄阳市西北部、中部以及东北部。植被覆盖度与生产－生态功能协调性呈现正相关关系的区域主要集中于襄阳市西部山区以及东部各县域的中心城区。

结合相关性分析结果可以看出，植被覆盖度与襄阳市三生功能协调性的关系均呈现出显著负相关（见表 7-1），且在空间上主要分布于中东部的樊城区、襄州区和襄城区等中心城区或者是西部的谷城县、南漳县和保康县的大部分区域。这是因为在人口密集的中心城区，尤其是樊城区、襄州区和襄城区，受人类活动影响大，生产、生活功能的提升影响了生态功能发挥作用；在以生态生产用地为主的西部山区，生态功能作用显著，其生产、生活功能的发挥则受到极大的限制，这也进一步验证了祁琼等（2020）的研究结论。结合上述分析结果发现，在空间分布上，植被覆盖与生产－生活功能协调性间的关系呈负相关的面积占比最大，说明植被覆盖与生产－生活功能协调性间的关系存在广泛且紧密的联系。同时，通过对比发现，植被覆盖与生产－生活功能协调性间的关联强度远超出其与生产－生态功能协调性、生活－生态功能协调性的关系。

表 7-1　植被覆盖与三生功能协调性关系的相关性

类型	生产-生活功能协调性	生活-生态功能协调性	生产-生态功能协调性	三生功能协调性
植被覆盖	−0.469**	−0.147**	−0.397**	−0.406**

注：**表示在 5% 水平上显著。

7.3.2　植被覆盖对三生功能协调性的影响阈值

根据上文可知，随着植被覆盖的变化，三生功能协调性也表现出了一定的空间异质性。因此，为进一步明确区域尺度上，植被覆盖对三生功能协调性的影响趋势，采用分层抽样方法确定后的样本数据，通过弹性分析识别植被的影响阈值（见图 7-1）。

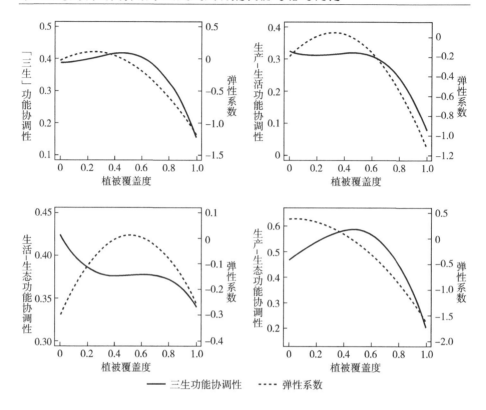

图7-1 襄阳市三生功能协调性及弹性系数随植被覆盖的变化

从整体趋势分析，2019年，三生功能的协调性随着植被覆盖度的增加而呈现出波动下降的趋势。结合弹性系数整体分析，当0<植被覆盖度<0.0199时，三生功能的协调性随植被覆盖的增加而不断下降，此时植被覆盖对三生功能的协调性产生消极影响；当0.0199<植被覆盖度<0.2378时，植被覆盖的增加导致三生功能协调性的小幅度增加，此时植被覆盖对三生功能协调性的影响由消极变为积极且效应不断增强；当植被覆盖度=0.2378时，弹性系数达到最大值，这说明此时植被覆盖的积极效应达到最强；当0.2378<植被覆盖度<0.4577时，植被覆盖对三生功能协调性的促进作用不断减弱，直到植被覆盖度=0.4577时其促进作用为0；当0.4577<植被覆盖度<1时，弹性系数由正值变为负值，这说明植被覆盖对三生功能协调性产生了消极影响，此时植被覆盖的增加只会带来三生功能协调性的加剧下降。综上所述，

0.0199 和 0.4557 为三生功能协调性发生变化的植被影响阈值，而 0.2378 为植被覆盖对三生功能协调性起促进作用的阈值。

首先，2019 年，生产－生活功能间的协调性随着植被覆盖度的增加而整体呈现出不断下降的趋势，其中极大值和极小值分别出现在植被覆盖度为 0.4485 和 0.1768 时。当植被覆盖度<0.1768 和 0.4485<植被覆盖度<1 时，生产－生活功能间的协调性随植被覆盖度的增加而减少，并且后者的消极作用明显强于前者。弹性系数的变化显示，在此过程中弹性系数呈现出"先上升后下降"的较为完整的倒"U"型曲线，表明植被覆盖对生产－生活功能间的协调性的影响强度先增强后减弱，且弹性系数的最大值在植被覆盖度为 0.3127 时出现。当植被覆盖度<0.3127 时，植被覆盖度对生产－生活功能间的协调性的影响效应不断增强，直到 FVC>0.1768 时，其对生产－生活功能间的协调性产生促进作用；当植被覆盖度=0.3127 时，植被覆盖对生产－生活功能间的协调性的促进作用达到最强，此时的生产－生活功能间的协调性值为 0.3145；而当植被覆盖度>0.3127 时，植被覆盖度对生产－生活功能协调性的促进作用不断减弱，直到植被覆盖度>0.4485 时其促进作用变为 0。综上所述，0.1768 和 0.4485 为生产－生活功能间的协调性发生变化的植被影响阈值，而 0.3127 则为植被覆盖对生产－生活功能间的协调性起促进作用的阈值。

其次，随着植被覆盖度的升高，生活－生态功能间的协调性整体呈现出明显的波动下降趋势，但整体下降幅度较为平缓，其中最大值和最小值分别为 0.4246 和 0.3396，而极大值和极小值分别出现在植被覆盖度为 0.6224 和 0.4175 时。分析弹性系数可以发现，在此过程中弹性系数依旧表现为一条先上升后下降的曲线，呈现出完整的倒"U"型曲线，这表明植被覆盖对生活－生态功能协调性的影响强度是先增强后减弱的，弹性系数的最大值出现在植被覆盖率为 0.5199 时。当植被覆盖度<0.5199 时，植被覆盖度对生活－生态功能协调性的影响不断增强，尽管此时生活－生态功能协调性随植被覆盖度的增加而降低，但其下降速度明显趋缓；当植被覆盖度=0.5199 时，植被覆盖对生活－生态功能协调性的促进效应达到最大，且当植被覆盖度>0.4175 时弹性系数即由负值变为正值，说明此时生活－生态功能协调性随着植被覆盖度的增加而增加；当植被覆盖度>0.5199 时，弹性系数表明植被覆盖对生活－生态功能协调性的促进效应不断减弱，直至植被覆盖度>0.6224

时其促进效应消失。由此可见，0.4175 和 0.6224 为生活-生态功能协调性发生变化的植被影响阈值，而弹性系数显示 0.5504 为植被覆盖度对生活-生态功能协调性起促进作用的影响阈值。

最后，与生产-生活功能协调性、生活-生态功能协调性明显不同的是，随着植被覆盖度的升高，生产-生态功能协调性表现为一条"先增长后下降"的倒"U"型曲线，且整体上存在 0.3846 的波动幅度。其最小值为 0.2016，而最大值出现在极大值处，即当植被覆盖度为 0.4554 时，无极小值。分析弹性系数可以发现，此时弹性系数为一条不断下降的曲线，且弹性系数存在较小的植被覆盖阈值 0.0333，由此可见，生产-生态功能协调性对植被覆盖的变化较为敏感。具体来说，当 0<植被覆盖度<0.0333 时，植被覆盖对生产-生态功能协调性的促进作用不断增强；当植被覆盖度=0.0333 时，弹性系数也达到最大值 0.3827，这说明此时植被覆盖度对生产-生态功能协调性的促进作用达到最强；而当植被覆盖度>0.0333 时，植被覆盖对生产-生态功能协调性的促进作用就不断削弱，直至植被覆盖度>0.4554 时，此时植被覆盖的增加只会导致生产-生态功能协调性的下降。综上所述，0.4554 为生产-生态功能协调性发生变化的植被影响阈值，而 0.0333 为植被覆盖对生产-生态功能协调性起促进作用的阈值。

7.4 不同主体功能区的植被覆盖对三生功能协调性的影响阈值

7.4.1 重点开发区域植被覆盖对三生功能协调性的影响阈值

襄阳市重点开发区域主要包括襄城区、樊城区和襄州区，也是襄阳市的中心城区。由图 7-2 可以看出，该区域内植被覆盖对三生功能协调性的影响阈值大致分布在 0.35~0.55，除生产-生态功能间的权衡/协同关系外，均存在上限阈值。

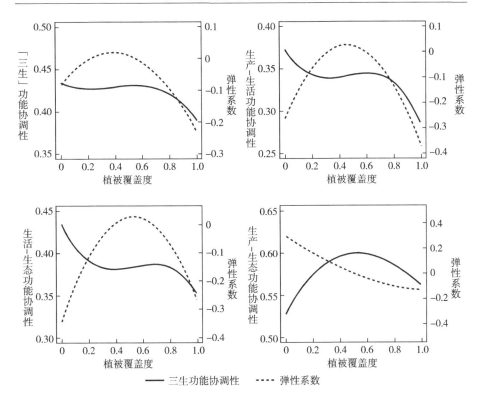

图 7-2 襄阳市重点开发区域三生功能协调性及弹性系数随植被覆盖的变化

从三生功能三者协调性的角度分析，植被覆盖与三生功能协调性的关系具体表现为：三生功能协调性随着植被覆盖度的增加而呈现出波动下降的趋势。结合弹性系数整体分析，当 0<植被覆盖度<0.2252 时，三生功能协调性随植被覆盖的增加而出现小幅下降，此时植被覆盖对三生功能协调性产生消极影响；当 0.2252<植被覆盖度<0.3896 时，弹性系数由负值变为正值，这说明此时植被覆盖对三生功能协调性的影响由消极变为积极且效应不断增强，因此植被覆盖的增加带来了三生功能协调性的小幅度增加；当植被覆盖度=0.3896 时，弹性系数达到最大值，这说明此时植被覆盖的积极效应达到最强，三生功能协调性值达到 0.4281；当 0.3896<植被覆盖度<0.5539 时，植被覆盖对三生功能协调性的促进作用不断减弱，直到植被覆盖度=0.5539 时其促进作用为 0；当 0.5539<植被覆盖度<1 时，弹性系数再次由正值变为

负值，这说明此时植被覆盖对三生功能协调性产生了消极影响，此时植被覆盖的增加只会带来三生功能协调性的加剧下降。综上所述，0.2252 和0.5539 为三生功能协调性发生变化的植被影响阈值，而 0.3896 为植被覆盖对三生功能协调性起促进作用的影响阈值。

从三生功能两两协调性的角度分析，植被覆盖与三生功能协调性的关系具体表现为：除生产-生态功能协调性外，随着植被覆盖的增加，生产-生活功能协调性、生活-生态功能协调性均表现为波动下降的趋势，两者波动幅度均为 0.08 左右，且生活-生态功能协调性的整体水平要高于生产-生活功能协调性整体水平。由弹性系数分析可知，生产-生活功能协调性与生活-生态功能协调性的弹性系数均表现为一条"先上升后下降"的倒"U"型曲线。其中，就生产-生活功能协调性而言，当 0.3187<植被覆盖度<0.4618时，植被覆盖对生产-生活功能协调性的积极作用不断加强；当植被覆盖度=0.4618 时，植被覆盖对生产-生活功能协调性的促进作用达到最强，此时的生产-生活功能协调性值为 0.3420；而当植被覆盖度>0.4618 时，尤其是当植被覆盖度>0.6049 时，植被覆盖度的增加会加剧生产-生活功能协调性的下降。就生活-生态功能协调性而言，当 0.3822<植被覆盖度<0.5313时，植被覆盖对生活-生态功能协调性的积极效应不断增强；当植被覆盖度=0.5313 时，植被覆盖对生活-生态功能协调性的影响效应达到最强；而当植被覆盖度>0.5313 时，植被覆盖对生活-生态功能协调性的促进效应不断减弱。其中，当植被覆盖度>0.6803 时，植被覆盖对生活-生态功能协调性产生消极影响，此时，植被覆盖的增加只会导致生活-生态功能协调性的进一步下降。但是，对生产-生态功能协调性而言，植被覆盖对其不存在影响阈值。

7.4.2 农产品主产区植被覆盖对三生功能协调性的影响阈值

襄阳市农产品主产区主要包括枣阳市、宜城市、老河口市和谷城县。由图 7-3 分析可知，在该区域内，植被覆盖对三生功能协调性的影响阈值的差异较大，最小影响阈值为 0.06，最大影响阈值为 0.55，均为上限阈值。

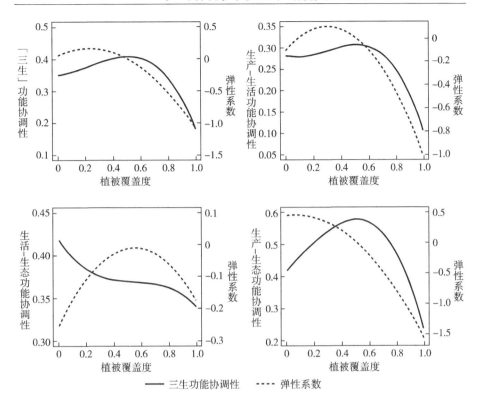

图 7-3 襄阳市农产品主产区三生功能协调性及弹性系数随植被覆盖的变化

从三生功能三者协调性的角度分析，植被覆盖与三生功能协调性的关系具体表现为：三生功能协调性随着植被覆盖度的增加而呈现出"先上升后下降"的趋势。结合弹性系数整体分析，当0<植被覆盖度<0.2272时，植被覆盖对三生功能协调性产生积极效应并且效应不断增强，由此植被覆盖的增加带来了三生功能协调性的增加；当植被覆盖度=0.2272时，弹性系数达到最大值，这说明此时植被覆盖的积极效应达到最强，三生功能协调性值达到0.3782，处于过度状态；当0.2272<植被覆盖度<0.5058时，植被覆盖对三生功能协调性的促进作用不断减弱，直至植被覆盖度=0.5058时其促进作用为0；当0.5058<植被覆盖度<1时，弹性系数由正值变为负值，这说明此时植被覆盖对三生功能协调性产生了消极影响，植被覆盖的增加只会带来三生功能协调性的加剧下降。综上所述，0.5539为三生功能协调性发生变化的植

被影响阈值，而 0.2272 为植被覆盖对三生功能协调性起促进作用的影响阈值。

从三生功能两两协调性的角度分析，植被覆盖与三生功能协调性的关系具体表现为：从三生功能两两耦合的角度分析，随着植被覆盖的增加，生产－生活功能协调性和生产－生态功能协调性均表现为"先增加后下降"的变化趋势，两者变化幅度分别为 0.2 和 0.3，且生产－生态功能协调性的整体水平要高于生产－生活功能协调性整体水平；与生产－生活功能协调性、生产－生态功能协调性不同的是，生活－生态功能协调性呈现为一条不断下降的曲线，且整体变化幅度仅为 0.08。结合弹性系数分析，生产－生活功能协调性与生活－生态功能协调性的弹性系数均表现为一条较为明显的"先上升后下降"的倒"U"型曲线，而生产－生态功能协调性的弹性系数整体上则表现为一条不断下降的曲线。就生产－生活功能协调性而言，当 0.0895<植被覆盖度<0.3012 时，植被覆盖对生产－生活功能协调性的促进作用不断增强；直至植被覆盖度=0.3012 时，植被覆盖对生产－生活功能协调性的促进作用达到最强；而当植被覆盖度>0.3012 时，其促进作用不断削弱，直至植被覆盖度>0.5129 时，植被覆盖对生产－生活功能协调性产生了消极影响，此时植被覆盖度的增加会加剧生产－生活功能协调性的下降。就生活－生态功能协调性而言，当植被覆盖度=0.5494 时，弹性系数达到最大值但仍为负值，这说明植被覆盖对生活－生态功能协调性始终产生消极影响。而对于生产－生态功能协调性而言，当 0<植被覆盖度<0.0596 时，植被覆盖对生产－生态功能协调性的积极效应不断增强；当植被覆盖度=0.0596 时，植被覆盖对生产－生态功能协调性的影响效应达到最强，此时生产－生态功能协调性值达到 0.4439，处于过度阶段；当 0.0596<植被覆盖度>0.5046 时，植被覆盖对生产－生态功能协调性的促进效应不断减弱，而当植被覆盖度>0.5046 时，植被覆盖的增加则会导致生产－生态功能间协调性的进一步下降。

7.4.3 重点生态功能区植被覆盖对三生功能协调性的影响阈值

襄阳市重点生态功能区主要包括西部的保康县和南漳县，区域内植被覆盖度较高，生态功能显著。由图 7-4 分析可知，在该区域内植被覆盖对三生功能协调性的影响阈值较大，影响阈值主要集中在 0.75~0.95，除生活-生态功能协调性外均存在下限阈值。

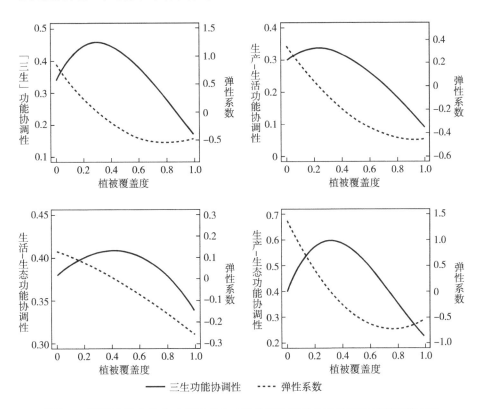

图 7-4　襄阳市重点生态功能区三生功能协调性及弹性系数随植被覆盖的变化

从三生功能三者协调性的角度分析，植被覆盖与三生功能协调性的关系具体表现为：随着植被覆盖的增加，三生功能协调性表现为一条较为完整的倒"U"型曲线。结合弹性系数分析，当 0<植被覆盖度<0.3027 时，弹性系数为正值且不断下降，这说明此时植被覆盖对三生功能协调性的促进作用不断减弱，但此时植被覆盖的增加仍然可以带动三生功能协调性的增加；当植被覆盖度=0.3027 时，弹性系数为 0，促进作用也为 0；当 0.3027<植被覆盖度<0.8161 时，弹性系数为负值且不断下降，这说明此时植被覆盖对三生功能协调性的消极影响不断增强，植被覆盖的增加只会加剧三生功能协调性的下降；当植被覆盖度=0.8161 时，弹性系数达到最小值，此时植被覆盖对三

生功能协调性的消极影响达到最强；当 0.8161<植被覆盖度<1 时，弹性系数不断增加但仍为负值，此时说明植被覆盖对三生功能协调性的消极影响有所减弱。综上所述，0.3027 为三生功能协调性发生变化的植被影响阈值，而0.8161 为植被覆盖对三生功能协调性产生消极影响的阈值。

从三生功能两两协调性的角度分析，植被覆盖与三生功能协调性的关系具体表现为：随着植被覆盖的增加，生产-生活功能协调性、生活-生态功能协调性和生产-生态功能协调性均表现为"先增加后下降"的变化趋势。其中，生产-生活功能协调性和生产-生态功能协调性的变化幅度较大（0.24和 0.37），且生产-生态功能协调性的整体水平要高于生产-生活功能协调性整体水平。结合弹性系数分析，生产-生活功能协调性与生产-生态功能协调性的弹性系数均表现为一条"先下降后上升"的"U"型曲线。就生产-生活功能间协调性而言，当 0<植被覆盖度<0.2301 时，植被覆盖对生产-生活功能协调性的促进作用不断增强；直至植被覆盖度＝0.2301 时，生产-生活功能协调性达到最大值为 0.3354；当 0.2301<植被覆盖度<0.9436 时，弹性系数为负值且不断下降，这说明植被覆盖对生产-生活功能协调性产生消极影响且影响不断增强；直至植被覆盖度＝0.9436 时，植被覆盖对生产-生活功能间协调性的消极影响达到最大。就生产-生态功能间的协调性而言，当0<植被覆盖度<0.3168 时，植被覆盖对生产-生态功能协调性的积极效应不断增强；当植被覆盖度＝0.3168 时，弹性系数为 0，此时生产-生态功能协调性达到最大值为 0.5988，处于基本协调状态；当 0.3168<植被覆盖度<0.7674 时，植被覆盖对生产-生态功能协调性产生消极影响且影响效应不断增强；直至植被覆盖度＝0.7674 时弹性系数达到最小值，说明其消极作用达到最强；而当 0.7674<植被覆盖度<1 时，其消极作用又逐步减弱。

7.5 基于植被覆盖影响阈值效应的生态系统修复

自然生态系统的复杂性特征决定了其在受到人为干扰（如土地利用）或者环境变化（如气候变化）时的自我恢复能力（Byers et al.，2006），而不适当的人工干预也会引起生态系统进一步退化，进而导致生态系统服务功能的减弱。本书的研究结果也进一步证实了这一观点，即过度强调森林覆盖面积增加不会带来生态系统服务功能的持续增强（Guo et al.，2020），甚至会产生负面效应。已有研究表明，不同物种相互作用下的复杂生态系统可能存在不同的阈值特征（Hunt et al.，2008）。本书的研究也表明，植被覆盖对三生功能协调性存在明显的阈值效应，并且存在明显的区域差异，这说明不同地区的环境不同，生态修复的路径也不尽相同（Byers et al.，2006）。因此，为了提升生态系统功能以实现更高水平的三生功能协调状态，应该扭转单一生态修复措施，并因地制宜地制定策略。

就农业主产区而言，区域内耕地广布且集中连片，是湖北省重要的粮、棉、油基地，发挥着重要的农业生产功能作用。同时，由于该区域是限制开发区，资源环境承载力较弱，生产生态功能相对突出，因此在该区域的生态保护建设并不是一味地提高植被覆盖以实现三生功能协调。首先，要完善农田污染防治配套法规建设，加强对化肥、农药等污染的防治力度，以有效减少农业生产中污染物排放，提高和改善农地生产能力和生态功能。其次，通过"矿区变景区"的理念加强矿山生态修复，建立农业生产与生态景观的融合发展机制。最后，还要加大对农业生产和生态景观的协调发展力度，在保护自然资源的同时也要让农民受益。

相较于农业主产区，重点开发区拥有较高的植被覆盖上限阈值，这可能是因为其作为全国重要的汽车生产基地以及高新技术产业集聚地，支撑着产业发展，生产功能突出，在土地利用上也会带来更大的环境压力。但是，该区域内也有鱼梁洲、岘山等重要生态功能区，发挥着重要的生态功能，这在一定程度上缓解了生产功能与生态功能之间的冲突。因此，对于该区域而言，提高植被覆盖、加强生态保护建设仍然是实现三生功能协调的重要举措。例如，在持续抓好鱼梁洲、岘山等重点区域绿化的同时，全力开展城区北部的植被增绿；同时，加快推进汉江植物园、湿地公园等建设，补齐城市生态功能短板。

对于重点生态功能区而言，是国家重要的生物多样性保护区和中部地区重要的生态安全屏障，其三生功能协调性的实现依赖于较高的植被覆盖。但是，受环境条件所限，该区域生态系统脆弱，高强度的生态恢复工程措施会严重干扰甚至破坏生态系统健康,因此该区域的生态修复应坚持"自然修复为主,人工修复为辅"的原则。一方面,可以通过加强五道峡自然保护区、鄂北生态防护林等建设,严格执行保护措施,把生态红线落实到位。另一方面,可以通过改良树种、优化群落配置等方法,对自然恢复灌草丛、中幼林及大面积的人工林进行提质改造,以提高生态系统的稳定性和可持续性(Felipe-Lucia et al.,2018)。

7.6 本章小结

襄阳市植被覆盖度整体上较高,呈现出"西多东少,东西分异"的分布特征。较高和高植被覆盖区约占全市总面积的65%,空间集聚性特征显著。其中,高植被覆盖区主要分布在西南部山区,低植被覆盖区主要集中在中东部各县(区、市)中心城区,特别是在樊城区、襄州区和襄城区表现尤为明显,这与襄阳市的地势特征、土地利用类型、城镇化水平以及经济发展水平的区域差异密切相关。

植被覆盖变化与三生功能协调性之间的关系密切相关,且其与不同功能协调性的关联程度与空间分布存在差异。从关联程度来看,除生活-生态功能协调性外,植被覆盖与其他功能间协调性的关系均保持较高的负相关关系。从空间分布上看,除生活-生态功能协调性外,植被覆盖与其他功能协调性在汉江两侧平原区均表现出明显的正相关关系,其中生产-生活功能协调性与植被覆盖的空间关联度最强。

对于不同的主体功能区而言,植被覆盖影响阈值存在明显的区域差异。省级层面重点开发区域和国家层面农产品主产区存在植被覆盖上限阈值,而大别山水土保持生态功能区则存在下限阈值。其中,在重点开发区、农产品主产区和重点生态功能区,植被覆盖对三生功能协调性的影响阈值分别为0.3896、0.2272和0.8161。根据不同主体功能区特点,应因地制宜地制定生态修复策略,以实现三生功能协调共生。

8 基于功能强弱对比的
三生空间优化调控[①]

8.1 研究方法

8.1.1 三生功能强弱关系测度方法

(1)力学平衡模型

力学平衡模型以笛卡尔坐标系不同方向的矢量力表征系统内不同子系统,以矢量力的合力及其所处象限表征多种方向力作用下的系统状态及特征,能够测度系统内部子系统之间的协调关系及匹配问题。基于此,本书构建基于力学平衡模型的三生功能的强势功能和弱势功能。

如图 8-1(a)所示,在其他条件均质的假设前提下,将生产、生活和生态功能的关系定义为笛卡尔坐标系中 3 个方向的作用力(OA、OB 和 OC)。若达到预期目标,则合力($F_合$)为 0,即位于均衡点(O 点),表明三生空间功能处于协调状态;反之,若某一方向的作用力未达到或超越了预期目标,则合力($F_合$)偏离 O 点,表明三生空间功能处于失调状态。

① 本章内容已公开发表,有改动。参见:刘超,张祚,纪旭,等. 基于土地功能强弱对比的三生空间识别与优化:以襄阳市为例 [J]. 资源科学,2023,45(7):1366-1379.

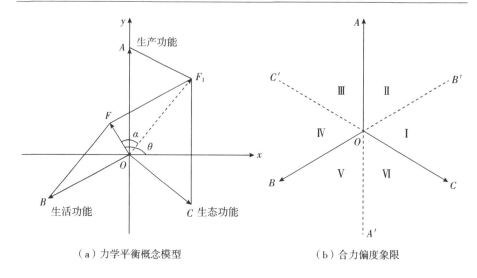

（a）力学平衡概念模型　　　　　　　（b）合力偏度象限

图 8-1　力学平衡概念模型及其合力偏度象限

为便于计算，采用极坐标（$F_合$，θ）表征三生功能之间的协调关系。$F_合$ 极径表征偏离距离，其值越大，表明该研究单元的三生功能协调性越差；极角 θ 表征偏离方向。将 OA、OB 和 OC 的方向角度分别定义为 $\pi/2$、$7\pi/6$ 和 $11\pi/6$，各变量的具体量化方法分别为：

$$OA = \frac{X_{1i} - X_{1s}}{X_{1s}}$$

$$OB = \frac{X_{2i} - X_{2s}}{X_{2s}}$$

$$OC = \frac{X_{3i} - X_{3s}}{X_{3s}}$$

式中，OA 为生产功能利用率；X_{1i} 为研究单元 i 的生产功能值；X_{1s} 为生产功能标准值；OB 为生活功能利用率；X_{2i} 为 i 研究单元的生活功能值；X_{2s} 为生活功能标准值；OC 为生态功能利用率；X_{3i} 为 i 研究单元的生态功能值；X_{3s} 为生态功能标准值。OA、OB 和 OC 的正值表示其作用方向与预期方向相同，负值表示其作用方向与预期方向相反。

根据向量运算规则，极坐标（$F_合$，θ）按如下公式求取：

$$\begin{cases}
\overrightarrow{OA}=(x_A,\ y_A)=(0,\ OA) \\[2mm]
\overrightarrow{OB}=(x_B,\ y_B)=\left(\cos\left(\dfrac{1-\dfrac{|OB|}{OB}}{2}\pi-\dfrac{5\pi}{6}\right)|OB|,\ \ \sin\left(\dfrac{1-\dfrac{|OB|}{OB}}{2}\pi-\dfrac{5\pi}{6}\right)|OB|\right) \\[6mm]
\overrightarrow{OC}=(x_C,\ y_C)=\left(\cos\left(\dfrac{1-\dfrac{|OC|}{OC}}{2}\pi-\dfrac{\pi}{6}\right)|OC|,\ \ \sin\left(\dfrac{1-\dfrac{|OC|}{OC}}{2}\pi-\dfrac{\pi}{6}\right)|OC|\right) \\[6mm]
\overrightarrow{F_{合}}=(x_{合},\ y_{合})=\overrightarrow{OA}+\overrightarrow{OB}+\overrightarrow{OC}=(x_A+x_B+x_C,\ y_A+y_B+y_C)
\end{cases}$$

$$F_{合}=\sqrt{x_{合}^2+y_{合}^2}$$

$$\begin{cases}
\theta=\tan^{-1}\left(\dfrac{y_{合}}{x_{合}}\right) & y_{合}\geqslant 0 \\[4mm]
\theta=\tan^{-1}\left(\dfrac{y_{合}}{x_{合}}\right)+2\pi & y_{合}<0
\end{cases}$$

式中，OA、OB、OC 的指标含义同上式；$\overrightarrow{OA}$、$\overrightarrow{OB}$、$\overrightarrow{OC}$ 和 $\overrightarrow{F_{合}}$ 分别为生产、生活、生态和三者合力的向量表达；x_A、x_B、x_C 和 y_A、y_B、y_C 分别是其 x 轴和 y 轴的坐标，累加得到合力坐标（$x_{合}$，$y_{合}$），进而求得极坐标（$F_{合}$，θ）。当三生功能均衡发展时，$F_{合}$ 为 0，对应的 OA、OB 和 OC 之间的夹角弧度为 $2\pi/3$；当 $F_{合}$ 偏离均衡点 O 时，$F_{合}$ 大小和方向可定量表征相应的偏离关系。

然后，分别沿 OA、OB 和 OC 作反向延长线，记为 OA'、OB' 和 OC'，作为生产、生活和生态功能的逆向发展矢量方向，将结果空间划分为 6 个象限［见图 8-1（b）］，其中每个象限分别由一个正向和一个负向矢量状态的土地功能构成。根据极角 θ 及其所处的象限，判别最具优势功能和最为劣势功能，其中正向矢量的土地功能，为强势功能，负向矢量的土地功能为弱势功能（见表 8-1）。

表8-1 三生功能强弱关系判定

功能优劣判定		判断依据					空间功能特征状态描述
强势功能	弱势功能	极角 θ	象限	矢量动力状态			
				生产	生活	生态	
生态	生活	$[11\pi/6, 2\pi] \cup [0, \pi/6)$	I	—	-	+	生态功能正向,符合预期目标;生活功能逆向,低于预期目标;生产功能无论是否符合预期目标均可能出现在这个象限中
生产	生活	$[\pi/6, \pi/2)$	II	+	-	—	生产功能正向,符合预期目标;生活功能逆向,低于预期目标;生态功能无论是否符合预期目标均可能出现在这个象限中
生产	生态	$[\pi/2, 5\pi/6)$	III	+	—	-	生产功能正向,符合预期目标;生态功能逆向,低于预期目标;生活功能无论是否符合预期目标均可能出现在这个象限中
生活	生态	$[5\pi/6, 7\pi/6)$	IV	—	+	-	生活功能正向,符合预期目标;生态功能逆向,低于预期目标;生产功能无论是否符合预期目标均可能出现在这个象限中
生活	生产	$[7\pi/6, 3\pi/2)$	V	-	+	—	生活功能正向,符合预期目标;生产功能逆向,低于预期目标;生态功能无论是否符合预期目标均可能出现在这个象限中
生态	生产	$[3\pi/2, 11\pi/6)$	VI	-	—	+	生态功能正向,符合预期目标;生产功能逆向,低于预期目标;生活功能无论是否符合预期目标均可能出现在这个象限中

注:+表示矢量方向为正,-表示矢量方向为负,—表示矢量方向正负均有可能。

（2）比较优势指数

考虑到力学平衡模型仅能够识别出三生空间中的某两种功能的强弱关系,因此,本书引入标准显示性比较优势指数弥补了力学平衡模型对三种功能强弱关系考虑不足的缺点。标准显示性比较优势指数能够测算研究对象在不同区域动态、连续的比较及面板数据分析,具有实现时空连续比较的优点,能够科学有效地确定三生空间中强势功能与弱势功能。其计算公式为:

$$NRCA_{ij}=(X_{ij}/Y_i)-(X_{wj}/Y_w)$$

式中，$NRCA_{ij}$ 表示格网单元 i 的第 j 种功能的标准显示性比较优势指数；X_{ij} 表示格网单元 i 的第 j 种功能值；Y_i 表示格网单元 i 的 3 种功能值总和；X_{wj} 表示全市的第 j 种功能值总和；Y_w 表示全市 3 种功能值总和。若 $NRCA$ 值>0，说明该格网此功能存在比较优势；若 $NRCA$ 值<0，说明该格网此功能不存在比较优势。

8.1.2　三生空间识别方法

以往研究将主导功能类型与三生空间一一对应的分类方法，简单化了生产-生活-生态功能间作用关系，却忽视了三生空间的复杂多功能性及其强弱关系。三生功能在空间上存在交叠性且具有强弱之分，功能叠加与竞争共生过程是单一型地域功能和复合型地域功能分化的关键因素，因此，本书综合考虑三生功能的强弱关系研判三生空间类型（见图 8-2），包括功能主导型和功能复合型的三生空间，两者均以土地多功能性为出发点，功能主导型三生空间是以功能复合型三生空间为基础划分的，但前者侧重空间的单一性，而后者强调空间的复合性。

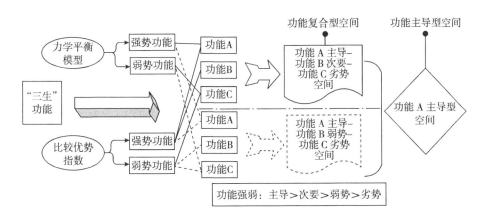

图 8-2　三生空间识别与分类体系图谱

经计算发现，力学平衡模型与比较优势指数对强势和弱势功能的计算结果相一致，依据功能强弱，对功能复合型三生空间类型进行如下划分：①功能 A 主导-功能 B 次要-功能 C 劣势空间。若 *NRCA* 计算得出两种强势功能和一种弱势功能，其中将与力学平衡模型计算得到的同一种强势功能定义为主导功能，同一种弱势功能，即为劣势功能；将另一种强势功能定义为次要功能。②功能 A 主导-功能 B 弱势-功能 C 劣势空间。若比较优势指数计算得出一种强势功能和两种弱势功能，其中将与力学平衡模型计算得到的同一种强势功能，即为主导功能，同一种弱势功能即为劣势功能；将另一种弱势功能定义为次要功能。

8.1.3　三生空间优化思路

土地功能的协调关系是三生空间均衡发展的基础。以三生空间识别结果为基础，进行三生空间优化，并针对不同单元提出未来优化方向与调控路径（见图 8-3），具体思路如下：①选定优化理论。以比较优势理论和"木桶"理论为支撑，分别为三生空间中强势功能开发利用、弱势功能改善提升提供理论依据。以空间均衡理论为目标，为三生空间功能协调发展提供指导思想。②识别三生空间。采用力学平衡模型与优势度指数对功能复合型三生空间类型进行识别。③划定优化单元。为保证三生空间优化结果精准化落地，本书以 1 千米×1 千米格网为优化单元。④制定优化原则。根据比较优势理论、"木桶"理论、空间均衡理论等，结合襄阳市的实际和未来发展需求，以功能整合、均衡发展为理念，基于强化主导功能、改善劣势功能的目标，制定了生态优先、比较优势、空间均衡等原则。⑤确定优化方案。以比较优势原则为依据，采用归类合并方法，根据功能复合型空间中土地主导功能划定优化分区；依据空间均衡原则，提出优化主导功能，强化次要功能，改善弱势和劣势功能的优化方向；根据生态优先原则，制定以维护自然生态系统的安全稳定为根本，通过发展生态经济等手段，实现人居环境改善的目标策略。

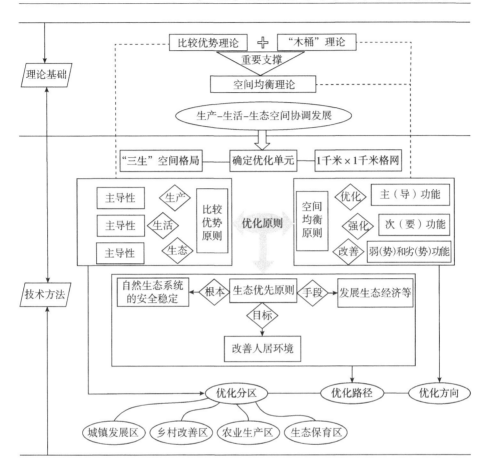

图8-3 三生空间协调优化方法体系

8.2 三生空间演化特征分析

8.2.1 三生空间识别结果

襄阳市有生产主-生活弱-生态劣、生产主-生态弱-生活劣、生活主-生

态弱-生产劣、生活主-生产弱-生态劣、生态主-生产弱-生活劣、生态主-
生活弱-生产劣、生产主-生活次-生态劣、生产主-生态次-生活劣、生活
主-生产次-生态劣、生活主-生态次-生产劣、生态主-生活次-生产劣、生
态主-生产次-生活劣 12 种三生空间类型。由此可见,三生空间多功能性十
分显著,且功能强弱存在较大差异。这在一定程度上可能有助于缓解功能单
一造成的景观失衡,但同时也会存在冲突、矛盾和负向影响。因此,对三生
功能复合空间进行定量识别是三生空间协调优化的重要基础和依据。

8.2.2 三生空间数量变化

襄阳市生态功能主导型空间在国土空间中所占比例最高,生活主导型空
间占比最低(见表 8-2)。2000~2019 年,生态功能主导空间面积由 8365 平
方千米增加到 8437 平方千米,占全市国土空间的比例由 41.95% 提升为
42.31%,其中,生态主-生产弱-生活劣空间和生态主-生活弱-生产劣空间
面积占比分别增加 0.46% 和 0.55%,生态主-生活次-生产劣空间面积占比减
少 0.64%,生态主-生产次-生活劣空间面积几乎未变化。

表 8-2　襄阳市三生空间分类数量及占比

空间类型		2000 年		2019 年	
		面积/ 平方千米	占比(%)	面积/ 平方千米	占比 (%)
生产功能主导型	生产主-生活弱-生态劣	1728	8.67	1667	8.36
	生产主-生态弱-生活劣	3415	17.13	4029	20.20
	生产主-生活次-生态劣	1864	9.35	1724	8.65
	生产主-生态次-生活劣	212	1.06	237	1.19
生活功能主导型	生活主-生态弱-生产劣	291	1.46	270	1.35
	生活主-生产弱-生态劣	75	0.38	77	0.39
	生活主-生产次-生态劣	745	3.74	1013	5.08
	生活主-生态次-生产劣	3246	16.28	2487	12.47

续表

空间类型		2000 年		2019 年	
		面积/平方千米	占比（%）	面积/平方千米	占比（%）
生态功能主导型	生态主-生产弱-生活劣	2153	10.80	2244	11.25
	生态主-生活弱-生产劣	4958	24.86	5067	25.41
	生态主-生活次-生产劣	1152	5.78	1024	5.14
	生态主-生产次-生活劣	102	0.51	102	0.51

2000~2019 年，生产功能主导型空间由 7129 平方千米增加到 7657 平方千米，占全市国土空间的比例由 36.21%上升为 38.40%。其中，生产主-生态次-生活劣空间和生产主-生态弱-生活劣空间面积占比分别提升 0.13%和 3.08%。生产主-生活次-生态劣空间和生产主-生活弱-生态劣空间面积占比分别降低了 0.70%和 0.31%。

2000~2019 年，生活功能主导型空间由 4357 平方千米减少到 3847 平方千米，面积占比由 21.86%下降为 19.29%，其中，生活主-生产次-生态劣空间和生活主-生产弱-生态劣空间面积占比分别提升 1.34%和 0.01%。生活主-生态次-生产劣空间面积占比分别降低了 3.81%和 0.11%。

8.2.3　三生空间格局时空变化

核密度估计法常用于刻画研究对象的空间密度特征和分布趋势。本书采用核密度估计法分析襄阳市三生空间格局的空间分布情况。

（1）功能主导型三生空间格局变化

2000~2019 年，生产功能主导型空间主要位于中、东部地区，包括老河口市、襄州区、枣阳市和宜城市的大部分地区及南漳县的东部，并逐渐向襄城区和樊城区扩张。生活功能主导型空间集聚分布在各县（市、区）的中心城区附近，襄城区和樊城区受生产功能主导型空间扩张影响，生活功能主导型空间缩减现象较为显著。生态功能主导型空间集中位于西部武当山脉与荆山山脉的交汇处，以及枣阳市和宜城市的东部地区。

（2）功能复合型三生空间格局变化

2000 年，生产主-生活弱-生态劣空间集中分布在襄阳市东部和北部，其中以襄州区、枣阳市和宜城市最为显著。2019 年，生产主-生活弱-生态劣空间在老河口市、枣阳市和宜城市的集聚分布态势愈加明显，而在襄州区的分布却趋于分散。2000 年，生产主-生态弱-生活劣空间在襄阳市北部连片分布，其中以老河口市、襄州区北部及枣阳市北部最为突出。2019 年，生产主-生态弱-生活劣空间聚集程度整体降低。2000 年，生产主-生活次-生态劣空间主要分布在襄阳市东部，特别是襄州区和枣阳市中心城区、宜城市与南漳县交界处聚集显著。2019 年，该类空间在襄城区南部及襄州区北部的聚集程度加深。2000 年，生产主-生态次-生活劣空间与汉江水系轴带走向一致，在枣阳市南部和宜城市东部分布最为集中。2019 年，该类空间在南漳县西南部分布愈加分散。

2000 年，生活主-生态弱-生产劣空间、生活主-生产弱-生态劣空间、生活主-生态弱-生产劣空间及生活主-生产次-生态劣空间皆呈点状零星分布，其中生活主-生态弱-生产劣空间和生活主-生产弱-生态劣空间分布格局大体一致，主要集中在襄城区、樊城区和襄州区。2019 年，其向四周移动。生活主-生产次-生态劣空间在宜城市西部与枣阳市中部聚集明显，生活主-生态次-生产劣空间在谷城县、保康县、南漳县等中心城区集中分布。2019 年，该类空间向襄城区扩张，而在襄城区和樊城区的聚集性减弱。

2000~2019 年，生态主-生产弱-生活劣空间在武当山脉与荆山山脉交汇处集聚显著，特别是在谷城县和南漳县。2000 年，生态主-生活弱-生产劣空间与生态主-生活次-生产劣空间连片分布在襄阳市西部，尤其在武当山脉和荆山山脉处集聚现象显著。2019 年，这两类空间在襄城区和樊城区的聚集程度均有所减弱，主要是受生产功能主导型和生活功能主导型空间侵占的影响。2000~2019 年，生态主-生产次-生活劣空间主要沿汉江水系轴带分布，且其聚集程度整体减弱。

8.2.4 三生空间地形梯度变化

坡度和高程是影响丘陵山区国土空间开发方式及程度的决定性因素（臧

玉珠等，2019），从而影响三生空间分布格局。因此，本书选取高程和坡度因子，并将其分区结果分别与2000年、2019年三生空间类型图叠加，得到不同三生空间类型的面积占比，进而综合分析襄阳市三生空间变化的地形梯度效应。

（1）基于海拔差异的三生空间变化

根据襄阳市的地形地貌特征，将襄阳市的高程划分为4个等级：<200m、200～400m、400～1000m和≥1000m，并计算2000～2019年襄阳市不同海拔带的三生空间面积占比。

由表8-3可以看出，2000～2019年，在200m以下地带，生产主-生态弱-生活劣空间面积占比最大，其次是生产主-生活次-生态劣空间，而生态主-生产次-生活劣空间面积最小。在200～400m地带，生态主-生活弱-生产劣空间面积占比最大，且有增加趋势。生活主-生产弱-生态劣空间面积占比最小，且有增加迹象，这从侧面表明生态保护和居民生活仍存在一定程度冲突现象。400～1000m和1000m以上区域，生态主-生活弱-生产劣空间面积占比最大，且空间面积占比随着海拔上升而增加，在≥1000m地带的面积占比最大。

表8-3 2000～2019年襄阳市不同海拔的三生空间面积变化占比情况

单位：%

空间类型	2000年				2019年			
	<200m	200～400m	400～1000m	≥1000m	<200m	200～400m	400～1000m	≥1000m
生产主-生活次-生态劣空间	35.52	1.08	0.10	0.00	32.71	0.83	0.09	0.00
生产主-生活弱-生态劣空间	29.51	0.83	0.12	0.00	31.54	0.78	0.02	0.00
生产主-生态次-生活劣空间	1.52	1.13	0.64	0.46	2.31	1.20	0.26	0.18

续表

空间类型	2000 年				2019 年			
	<200m	200~400m	400~1000m	≥1000m	<200m	200~400m	400~1000m	≥1000m
生产主-生态弱-生活劣空间	48.82	4.76	0.81	0.46	61.15	4.39	0.26	0.09
生活主-生产次-生态劣空间	16.21	1.50	0.57	0.00	19.11	1.15	0.22	0.05
生活主-生产弱-生态劣空间	1.10	0.28	0.09	0.00	1.50	0.33	0.09	0.00
生活主-生态次-生产劣空间	23.29	25.36	26.60	19.54	12.93	22.51	24.28	17.72
生活主-生态弱-生产劣空间	3.80	1.38	1.43	0.68	3.00	1.75	1.28	0.64
生态主-生产次-生活劣空间	0.60	0.50	0.43	0.36	1.00	0.38	0.12	0.09
生态主-生产弱-生活劣空间	8.54	12.88	16.38	20.59	11.01	13.31	15.48	18.95
生态主-生活次-生产劣空间	9.26	10.65	10.72	5.79	6.72	9.62	10.34	6.24
生态主-生活弱-生产劣空间	21.86	39.65	42.10	52.12	17.02	43.76	47.57	56.04

　　整体来看，1000m 以下海拔的三生空间类型更具多样性，表明襄阳市国土空间开发与保护活动多集中于低海拔地带。从功能主导型三生空间来看，

研究期间，生产功能主导型空间向低海拔地带转移，在岗地和平原地带的面积占比分别增加8.17%和4.19%；生态功能主导型空间向高海拔地带扩展；而生活功能主导型空间在不同海拔带的面积占比均呈缩减趋势，表明改善生活功能是三生空间优化的努力方向之一。

（2）基于坡度差异的三生空间变化

参考《第二次全国土地调查技术规程》，结合襄阳市实际情况，将坡度划分为0~2°（平地）、2°~6°（极缓坡）、6°~15°（缓坡）、15°~25°（中坡）和>25°（陡坡），计算2000~2019年襄阳市不同坡度带的三生空间面积占比。

由表8-4看出，2000年，0~2°区域生态主-生活弱-生产劣空间面积占比最大，仅比生产主-生态弱-生活劣空间面积占比多0.22%，这与该区域耕地广布，且耕地具有重要生态和生产功能密切相关。2019年，生产主-生态弱-生活劣空间最大，比生态主-生活弱-生产劣空间面积占比多3.78%，这与近年来林特产业发展、耕地生产能力提高有关。2°~6°地带的生态主-生活弱-生产劣空间面积占比最多，然后是生活主-生态次-生产劣空间和生产主-生态弱-生活劣空间。其中，生态主-生活弱-生产劣空间和生产主-生态弱-生活劣空间有扩张趋势，而生活主-生态次-生产劣空间有缩减趋势。在>6°地带空间面积占比最多的三生空间类型依次是生态主-生活弱-生产劣空间、生活主-生态次-生产劣空间和生态主-生产弱-生活劣空间。生态主-生活弱-生产劣空间和生活主-生态次-生产劣空间面积占比随着坡度增加而增加；生态主-生产弱-生活劣空间面积占比于2000年随着坡度增加而增加，在>25°地带空间面积占比最高，而2019年空间面积占比随着坡度增大而缩减。

表8-4 2000~2019年襄阳市不同坡度的三生空间面积占比变化情况

单位：%

空间类型	2000年					2019年				
	0~2°	2°~6°	6°~15°	15°~25°	>25°	0~2°	2°~6°	6°~15°	15°~25°	>25°
生产主-生活次-生态劣空间	11.13	8.28	2.60	0.38	0.16	10.31	7.44	2.19	0.35	0.07

续表

空间类型	2000 年					2019 年				
	0~2°	2°~6°	6°~15°	15°~25°	>25°	0~2°	2°~6°	6°~15°	15°~25°	>25°
生产主-生活弱-生态劣空间	10.34	7.36	1.63	0.26	0.04	9.97	6.91	1.67	0.22	0.04
生产主-生态次-生活劣空间	1.21	1.17	1.38	0.79	0.57	1.41	1.32	1.37	0.51	0.25
生产主-生态弱-生活劣空间	20.31	16.12	8.55	2.00	0.84	24.00	18.71	8.86	1.59	0.36
生活主-生产次-生态劣空间	4.42	3.46	2.05	0.89	0.51	6.01	4.56	1.98	0.72	0.31
生活主-生产弱-生态劣空间	0.44	0.39	0.31	0.16	0.07	0.45	0.40	0.40	0.23	0.08
生活主-生态次-生产劣空间	14.56	16.76	21.11	25.12	25.61	10.56	13.43	18.49	22.56	23.24
生活主-生态弱-生产劣空间	1.54	1.46	1.53	1.40	1.27	1.40	1.39	1.75	1.35	1.16
生态主-生产次-生活劣空间	0.56	0.56	0.64	0.42	0.37	0.59	0.55	0.60	0.25	0.21
生态主-生产弱-生活劣空间	9.99	11.79	15.94	15.94	16.23	10.82	12.37	16.39	15.68	15.62
生态主-生活次-生产劣空间	4.97	6.10	7.98	9.57	9.92	4.27	5.53	7.58	9.27	9.44
生态主-生活弱-生产劣空间	20.53	26.55	36.27	43.06	44.41	20.22	27.39	38.73	47.29	49.22

2000~2019 年，襄阳市三生空间类型在不同坡度带的演变主要表现为：生产功能主导空间向低坡度地带转移，平地和极缓坡地带的空间面积占比分别增加了 2.69% 和 1.43%；生态功能主导空间向高坡度地带扩展，平地地带面积占比减少了 0.15%；生活功能主导空间在各个坡度的面积占比均呈现缩减趋势。

8.3 三生空间优化方案

实现三生空间格局优化，提高区域内国土空间利用效率，有助于厘清区域发展定位和发展重点与方向，从而实现国土空间有序多元化发展。本书以 1 千米格网作为分区单元，结合襄阳市现状及未来发展要求，制定了如下分区优化原则：①生态优先原则。襄阳市位于鄂西北秦巴山区，生态功能突出，不适宜大规模工业化、城镇化开发。因此，三生空间优化时维持自然生态系统的安全稳定是根本，改善人居生态环境是目标、发展生态经济是手段，应将生态功能为主导的格网单元化为生态保育区。②比较优势原则。同一格网空间具有多种功能，但功能具有优劣差异。区域空间发展的主要动力是优势功能的带动作用，因此，应发挥主导功能的优势作用。③空间均衡原则。基于"新木桶"理论和空间均衡理论，三生空间优化不仅要发挥主导功能的优势，更需要补齐"短板"功能，从而实现生产-生活-生态功能间的协调发展。综上所述，以"功能整合、均衡发展"为理念，基于"强化主导功能、改善劣势功能"的目标，对三生空间进行优化分区，可以划分为城镇发展区、乡村改善区、农业生产区和生态保育区。对于处于优势的主导功能和次要功能进行进一步强化，对处于非优势的弱势功能和劣势功能进行改善。

城镇发展区包括生产主-生活次-生态劣、生活主-生产次-生态劣等空间类型（见表 8-5），面积占比为 13.73%，表现为生产和生活功能主导，生态功能较弱的特征，主要分布在襄阳市各县（市、区）中心城区。该地区是城市经济发展的核心，城市人口密度最高，基础公共设施较完善，但城区无序扩张会侵占耕地和生态用地，城区工业和生活污染也可能会破坏生态环境。该区域未来优化方向侧重优化城镇和产业布局体系（强化生产和生活功能），改善城市环境质量（改善生态功能）。具体优化路径为：应继续发挥区域经济中心的辐射作用，统筹安排各业用地，通过产业集聚、创造就业、完善道路交通等途径，进一步优化城市体系，提高居民生活质量；以工业园区如东津农产品加工、襄阳机电、余家湖能源化工仓储等为载体，发展低耗能、集约化的高新技术产业；加强工业"三废"治理，增加城市绿地面积，推广垃圾分类和绿色低碳生活方式，改善城市生态环境。

表8-5　襄阳市三生空间优化分区

空间类型	优化分区	优化路径	面积/平方千米	占比（%）
生产主-生活次-生态劣空间	城镇发展区	强化生产-生活功能，改善生态功能	2737	13.73
生活主-生产次-生态劣空间		强化生活-生产功能，改善生态功能		
生产主-生态次-生活劣空间	农业生产区	强化生产-生态功能，改善生活功能	5933	29.75
生产主-生活弱-生态劣空间		强化生产功能，改善生活-生态功能		
生产主-生态弱-生活劣空间				
生活主-生态次-生产劣空间	乡村改善区	强化生活-生态功能，改善生产功能	2834	14.21
生活主-生态弱-生产劣空间		强化生活功能，改善生产-生态功能		
生活主-生产弱-生态劣空间				
生态主-生产弱-生活劣空间	生态保育区	强化生态功能，改善生产-生活功能	8437	42.31
生态主-生活弱-生产劣空间				
生态主-生活次-生产劣空间				
生态主-生产次-生活劣空间				

农业生产区包括生产主-生态次-生活劣、生产主-生活弱-生态劣、生产主-生态弱-生活劣等空间类型，面积占比为29.75%，表现为生产功能主导，生活和生态功能较弱的特征，主要分布在老河口市、襄州区和枣阳市北部。该区处于汉江冲积平原，地势起伏平缓，土壤深厚肥沃，拥有较好的耕地资源，具有得天独厚的农业生产优势，未来优化方向以农业综合开发为主（强化生产功能），重视保护生态环境（改善生态和生活功能）。具体优化路

径为：稳固农业生产，打造优质中、短纤维棉花产业带和专用小麦生产基地，推进农业机械化和现代化；发展林特产品等城郊特色生态农业，提高农业综合生产效益；强化耕地特别是基本农田的保护，充分发挥耕地的生产及生态功能，防治汉江水域农业污染。

乡村改善区包括生活主-生态次-生产劣、生活主-生态弱-生产劣、生活主-生产弱-生态劣等空间类型，面积占比为 14.21%，表现为生活功能主导，生产、生态功能较弱的特征，主要沿路分布在广大农村地区及风景名胜区。该区是农业人口集聚区，但经济发展能力弱，人居环境条件较差，未来优化方向为侧重改善生活服务设施条件（强化生活功能），发展乡村旅游经济（改善生产和生态功能）。具体优化路径为：创新农村节约、集约用地模式，合理布局教育、医疗、体育、旅游等公共设施，构建美丽乡村人居环境；利用乡村景观资源，如薤山国家森林公园、熊河水库等郊野公园，发展农旅融合、绿色增收的乡村特色旅游业，既增加农民收入，又保护生态环境。

生态保育区包括生态主-生产弱-生活劣、生态主-生活弱-生产劣、生态主-生活次-生产劣和生态主-生产次-生活劣等空间类型，面积占比为42.31%，表现为生态功能主导，生活、生态功能较弱的特征，主要分布在襄阳市西部和南部，如谷城县、保康县和南漳县。地处荆山山脉和武当山余脉，森林覆盖率较高，担负生物多样性保护等重任，但也存在水土流失严重和贫困多发等问题，未来优化方向以保护生态为主（强化生态功能），兼顾改善民生和发展生态产业（改善生活和生产功能）。具体优化路径为：在提高生态系统韧性基础上适度发展林特产业，如谷城县、保康县和南漳县等中低山区种植杉木、茶叶等林特产品，宜城市东部和枣阳市南部等丘陵地区适宜发展区域特色林果茶业；有条件地进行易地扶贫搬迁，逐步有序退出生态保护区内的农村宅基地，改善扶贫后续的村民生活质量。

8.4 与襄阳市主体功能区规划的比较

主体功能区战略是根据城镇化、粮食安全、生态安全、遗产保护等主体功能定位，实施分类管理及空间治理的政策工具（樊杰和周侃，2021）。根据《湖北省主体功能区规划》可知，湖北省国土空间按开发方式分为重点开发、限制开发和禁止开发区域；按开发内容分为城市化地区、农产品主产区和重点生态功能区；按层级分为国家级和省级。对于襄阳市而言，包括省级层面重点开发区域（襄城区、樊城区和襄州区），功能定位是全国重要的汽车生产基地，以及中部地区重要的交通枢纽和区域性物流中心；国家层面农产品主产区（枣阳市、宜城市、老河口市和谷城县），属于限制开发区域，功能定位是加强农业基础设施建设，加大优质小麦的生产投入，发挥旱作农业生产的优势；大别山水土保持生态功能区（保康县和南漳县），属于国家层面重点生态功能区，功能定位为国家重要的生物多样性保护区和中部地区重要的生态安全屏障。

通过与《湖北省主体功能区规划》进行对比分析发现，从总体布局来看，本书三生空间分区优化方案与湖北省主体功能区规划布局基本趋同，局部有所差异。其中，城镇发展区，即重点开发区域集中分布在襄城区、樊城区、襄州区、枣阳市和宜城市，是湖北省汽车产业、高新技术产业，以及电力、纺织和化工工业的主要集聚区。农业生产区，即农产品主产区集中连片分布在老河口市、襄州区、枣阳市和宜城市，是湖北省重要的粮、棉、油基地。生态保育区，即重点生态功能区主要分布在谷城县、保康县和南漳县，是鄂西北重要的生态功能区。因此，本书的三生空间分区优化方案具有较好的合理性。

国家级和省级的主体功能区是采取主导的、主要的地域功能划分的，遵循空间尺度越大、地域功能识别的精度越低、功能类型越简单的准则，以县级行政区作为划分单元。但是，随着空间尺度的降低，在地市和县乡尺度，就需要细化地域功能（樊杰，2019）。本书以格网单元进行三生空间分区，从内部差异性来看，通过对各县（市、区）的三生空间分区类型面积进行统计（见表8-6），发现各县域内部均存在4种优化分区类型，但面积占比存在不同。若以面积占比确定主体功能区，谷城县面积占比最多的是生态保护区（66.02%），应划为生态保护区，但与襄阳市主体功能区划中的国家农产品主产区划定存在差异，可能原因是谷城县位于荆山和武当山余脉，耕地资源虽丰富，但多为坡耕地，生态功能更为重要；襄州区和樊城区面积占比最多的是农业生产区，应划为农业生产区，但与湖北省主体功能区划中的省级重点开发区域划定存在差异，可能原因是襄州区和樊城区位于汉江河谷平原，耕地面积大于建设用地面积，但是，其作为襄阳市城镇化核心区，社会经济发展的辐射作用更为显著。这也反映出即使同一县域单元内，地形条件、社会经济发展水平的异质性也会导致区域内部功能定位和发展方向的显著差异。本书基于格网尺度的三生空间优化分区通过微观分区与宏观调控相结合的方式，对上位大尺度确定的主体功能有效地进行空间降尺度传导，能够为区域主体功能区战略的精准落地及区域"三区三线"的科学划定提供定量化的决策参考。

表 8-6　襄阳市县域三生空间优化分区面积占比　　　单位：%

县（市、区）	城镇发展区	乡村改善区	农业生产区	生态保护区
保康县	0.45	27.55	0.39	71.61
谷城县	5.56	18.72	9.70	66.02
老河口市	23.65	4.82	57.33	14.19
南漳县	5.35	19.28	9.86	65.52
襄城区	30.72	17.28	29.99	22.01
樊城区	33.22	6.33	41.48	18.98
襄州区	25.62	3.09	67.75	3.54
宜城市	20.21	5.88	38.73	35.18
枣阳市	18.56	9.34	53.21	18.89

8.5 三生空间优化保障体系

8.5.1 建立因地制宜、精准施策的梯度差异化机制

地形条件是影响襄阳市三生空间分布格局的重要因素。襄阳市西部山地森林广布，生态功能突出，但极大限制了城镇发展，同时也是水土流失和贫困多发区；中部岗地、东部岗地、平原区城镇集聚，耕地资源广布，生产和生活功能较强，但城镇扩张也挤占了耕地和生态空间。由于地形、气候等条件的不同，襄阳市三生空间在空间分布上呈现出明显的地域差异。因此，襄阳市应坚持"因地制宜、因势利导"的原则，针对西部和中东部地区的三生空间优化建立差异化保障机制。

（1）西部山区：保护为主、适度开发

襄阳市西部是重点生态功能区，由于自然条件的限制，拥有较少的城市用地和耕地，而更多的是森林用地，其生态和生活功能较低，生态功能较高。未来应立足生态修复和保护，最首要的是增强生态产品生产能力，限制高强度城镇化、工业化开发活动，适度发展生态产业和开展民生工程。强化对汉江原始生态的保护，实行最严格的水资源管理制度。在此基础上，有序开发水能资源，加强水土流失综合治理及预防监督。但这也对粮食生产和农民收入造成了影响。通过天然林保护工程以及森林公园、自然保护区建设，提升森林生态系统的质量和稳定性，并以此为依托，探索林下经济与林特产业融合发展新模式。例如，南漳县长坪镇以茶叶种植、加工、销售以及林下生态养鸡为主，以休闲农庄和旅游观光为辅，未来可建立"生产种植+加工+旅游"的三产融合模式。加强对乡镇发展的扶持引导，挖掘特色小镇潜力，如发挥南漳县武安镇、谷城县石花镇、保康县马桥镇等国家级重点名镇的经济带动作用，建立以旅游促发展、以生态促经济的开发模式。同时，近年来，山地旅游越来越受欢迎，推动了交通等基础设施的快速发展，但也对

生态环境造成了严重干扰。因此，应严格控制文化旅游的非农业建设，以减轻居住休闲与生态功能之间的权衡。

（2）中东部平原丘陵区：开发为主、有效增绿

襄阳市中、东部地区是城镇集聚区和粮食主产区，如襄州、樊城、襄城、枣阳和老河口区（市），约占城市城区土地的87%，拥有良好的基础设施条件、快速的工业发展和迅猛的经济增长，对生态环境施加了巨大压力。同时，这些地区是全国重要的农业生产基地，耕地更加集中。近年来，粮食产量稳步增加。值得注意的是，虽然岗地平原的三生功能权衡程度较低，但整个城市的三生功能仍相对较低。未来应兼顾新型城镇化和农业生产，加快城镇化和工业化，提高集聚人口、产业和经济的能力的同时，保障农产品供给安全、扩大绿色生态空间。强调空间集聚发展，发展资源型低碳高效产业，提高土地利用率，控制无序的建设用地扩张。以中心城市建设为引领，完善"一心"（鱼梁洲）四城（襄城区、樊城区、高新区、东津新区）的城市化系统，推进襄阳古城与岘山、汉水、襄水文化生态空间整体营造，推进襄阳古城环城公园、汉江生态廊道、汉江植物园等建设，提升城市生态韧性。立足襄州粮食、畜牧业大区地位，发挥正大、鲁花、盼盼等龙头企业带动作用，形成农业产业集群，推动农业全产业链发展，打造现代农业示范区。为了协调粮食生产和生态建设，应建立全面的保护耕地机制，强调其生态功能价值，防止耕地"非农化"和农业污染。

在建立因地制宜、精准施策的梯度差异化机制过程中，需要充分考虑各地区的自然条件、生态功能和产业基础，确保发展与保护的平衡，推动襄阳市整体可持续发展，实现经济、社会和生态效益的统一。政府部门应加强协调与指导，完善相关政策措施，鼓励地方创新发展模式，激发各地区的发展潜力，促进资源的优化配置和互补性发展。同时，要注重生态文明教育，增强公众对生态环境保护的认识和自觉性，形成全社会共同参与生态建设的良好氛围。

8.5.2 建立功能融合、"四区"联动的协调发展机制

生态国土建设背景下，协调城镇化与生态建设矛盾是实现城市高质量发

展的关键所在。城镇发展、乡村改善、农业生产和生态保护的三生空间优化分区，既体现了功能主导性，也强调了功能融合性。因此，襄阳市未来应将生态保护的绿色追求融入到城市建设中，实现生态保护与城乡发展、农业生产的融合协调发展。

（1）建立城镇化与乡村振兴的互促发展机制

城乡融合发展是新型城镇化和乡村振兴协同推进的目标之一，应构建城乡互促与互补的驱动发展机制。襄阳市城镇发展区和乡村改善区应以交通网络为纽带相互联结，以城乡要素双向流动为动力相互促进，打造宜居、宜业、宜游的城乡融合发展模式。一方面，完善城市基础设施和公共服务设施，提升城市辐射带动能力；吸纳乡村人口转移，提供相应就业机会和居住条件。同时，襄阳市可以鼓励发展新型农村合作社和农民专业合作社，促进农民组织规模化经营，推动乡村产业振兴。另一方面，坚持"产业振兴"，吸引城镇企业进入乡村。完善农村土地流转和集约规模经营体制，吸引城镇企业进入乡村。同时，要加强对乡村文化和传统产业的保护和挖掘，建立城乡文化交流与互动平台，提高农村文化的传承和创新能力，融合乡村风貌和乡村文化，建立城郊或远郊的"农旅融合"型（谷城县）、"生态矿旅"型（保康县）等发展新路子。

（2）建立城镇化与生态保护的绿色发展机制

绿色发展是新时代经济增长的新源泉，襄阳市应坚持城镇建设与环境承载能力相协调，构建城镇发展的生态联动机制。生态保育区是城镇发展区的生态基底，城镇发展区为生态保育区提供资金支持。优化城市空间布局体系，增加城市公园、绿地面积，塑造"城在绿中"的意象；抓住汉江经济带建设契机，与流域其他城市联合建立绿色发展专项投资基金，用于汉江流域生态修复治理；推动实施绿色能源工程，依托襄阳市汽车产业龙头优势和丰富的磷矿资源，助力新能源汽车产业发展。同时，加强环保技术研发和应用，推动低碳城市建设，实现城市绿色发展和资源高效利用。

（3）建立农业生产与生态景观的融合发展机制

耕地和林地资源均是重要的生产资源和生态资源。襄阳市农业生产区与生态保育区的格局特征明显，往往交错分布，应建立农业生产与生态景观的产业融合、景观和谐的发展机制。一方面，作为湖北省第一粮食生产大市，切实保护好耕地，建立"官民共督"机制，推行农民护田员试点；完善农田污染防治配套法规建设，防治化肥污染、垃圾污染等，提高和改善农地生产能力和生态功能。同时，推动农村环保和生态修复，实施农田水利基础设施建设，提高农业灌溉水资源利用效率。另一方面，积极发挥农业的生态、景观和间隔功能，以及生态景观的生产和生态功能，打造都市农业景观与生态旅游农业景观，建立现代化生态农业园发展新模式。同时，加强农村文化和乡村旅游的挖掘和宣传，提高农村旅游服务质量，吸引城市居民前往乡村游玩、采摘，增加农民收入，增强乡村振兴的吸引力。

在建立功能融合、"四区"联动的协调发展机制的过程中，襄阳市需要加强各级政府部门的合作与协调，形成整体合力。同时，要广泛吸纳社会各界的智慧和力量，形成全社会参与的发展局面。只有通过多方合力，形成统筹规划和综合施策的发展模式，才能实现城市高质量发展和生态建设的双赢。

8.6 本章小结

襄阳市三生空间多功能性显著，共涵盖 12 种功能复合型三生空间类型。生态功能主导型空间在国土空间中所占比例最高，生活功能主导型空间占比最低。2000~2019 年，生态功能主导型空间和生产功能主导型空间面积增加，分布范围向外扩散，生活功能主导型空间面积减少，呈逐渐萎缩迹象。

研究期间，襄阳市三生空间分异特征显著，生产功能主导型空间和生态功能主导型空间集聚明显，呈"组团"式分布；生活功能主导型空间集聚性低，呈"零星"状的规律。坡度与高程对襄阳市三生空间演化的影响具有明显的相似性。生产功能主导型空间向低海拔、低坡度地带转移，生态功能主导型空间向高海拔、高坡度地带扩展，而生活功能主导型空间在不同海拔、坡度地带的面积占比均呈缩减趋势。

襄阳市三生空间优化分区可划分为 4 种类型，即城镇发展区、乡村改善区、农业生产区和生态保育区。基于"强化主导功能、改善劣势功能"的目标，城镇发展区侧重优化城镇和产业布局体系，改善城市环境质量。乡村改善区侧重改善生活服务设施条件，发展乡村旅游经济。农业生产区以农业综合开发为主，重视保护生态环境。生态保育区以保护生态为主，兼顾改善民生和发展生态产业。建立因地制宜、精准施策的梯度差异化机制、功能融合、"四区"联动的协调发展机制以保障三生空间优化的稳步实现。

9 结论与政策建议

9.1 主要结论

丘陵山区城市多功能和可持续的三生空间优化对我国国土空间开发与保护格局具有重要的战略意义。本书以襄阳市为案例区，立足于生态国土建设背景，从城镇化与生态保护交互效应的视角对三生空间功能权衡过程进行解析，分析生态国土建设影响下三生空间功能权衡的"过程－机制－效应"，建立耦合功能协调性与优势度的三生空间识别与优化方法体系，探究三生空间协调优化路径与调控机制。研究结果表明：

第一，2000~2019年，生产功能、生活功能和生态功能呈现出不同的增长趋势和差异化的空间格局。此外，三生功能之间的协同和权衡关系随时间推移和区域差异而变化。从全市整体层面来看，生产－生活功能处于协同状态，生产－生态功能和生活－生态功能处于权衡状态。从格网空间尺度来看，生活－生态功能的权衡程度强于生产－生活功能以及生产－生态功能的权衡程度。在东部和中部岗地平原，生产－生活功能的权衡作用较强，而生产－生态功能和生活－生态功能权衡作用较弱。但是，在西部山区，生产－生活功能的权衡作用较弱，而生产－生态功能和生活－生态功能权衡作用较强。因此，三生空间管理政策应考虑到三生功能权衡的空间尺度效应，制定出更为精细的优化措施。

第二，探讨了城镇化和生态保护及其对三生空间功能权衡的交互影响，发现在城镇化和生态保护单独影响下，三生空间功能的权衡过程相对简单，但其交互作用后，三生空间功能权衡变得复杂。快速城镇化缓解了生产-生活功能权衡程度，同时加剧了生态功能与其他功能之间的权衡程度。环境治理削弱了三生功能之间的权衡程度，特别是减弱了城镇化对生活-生产功能和生活-生态功能权衡的负面效应；生态恢复削弱了生产-生态功能权衡程度，加剧了生产-生活功能的权衡作用，但却分别加剧和减弱了城镇化对生产-生态功能和生活-生态功能权衡的负向影响。因此，科学地认识城镇化与生态保护的交互过程对三生空间功能权衡的不同影响，可以更好地控制对三生空间功能的人为干预，避免不必要的权衡风险。政策制定者应在推进城镇化的同时，区分生态保护的不同效应，如全面加强环境治理，适度进行生态修复，特别是关注生态修复对生产功能的负面影响。

第三，人口、经济与土地城镇化对三生功能权衡的影响存在明显的阈值效应。其中，人口城镇化、经济城镇化和土地城镇化对三生功能协调性的阈值分别为 1366 人/km^2、757.5 万元/km^2 和 64%。不同地形区的城镇化对三生功能协调性的阈值效应也呈现出异质性特征。植被覆盖变化与不同的功能间协调性的关联程度与空间分布存在差异。从关联程度来看，除生活-生态功能外，植被覆盖与其他功能间的协调性均保持较高的负相关关系；从空间分布上看，除生活-生态功能外，植被覆盖与其他功能在汉江两侧平原区均表现出明显的正相关关系，其中生产-生活功能间的协调性与植被覆盖的空间关联度最强。植被覆盖影响三生功能协调性的阈值效应存在明显的区域差异性，省级层面重点开发区域和国家层面农产品主产区存在植被覆盖上限阈值，而大别山水土保持生态功能区则存在下限阈值。

第四，三生空间是功能空间，有 3 种功能主导型空间，可细分为 12 种功能复合空间类型，且在功能强弱和分布格局上差异显著。其中，生态功能主导型空间面积占比最高且不断增加，集中分布在西部山区和东南部丘陵地区，且向高海拔、高坡度地带扩展；生活主导型空间面积占比不断增加，主要分布在中部和东部平原岗地地区，且在不同海拔、坡度带的面积占比均呈缩减趋势；生活主导型空间面积占比最低且不断减少，集聚分布在各县（市、区）的中心城区，且向低海拔、低坡度地带转移。

第五，将三生空间优化分区为城镇发展区、乡村改善区、农业生产区和生态保育区。其中，城镇发展区未来应侧重优化城镇和产业布局体系，改善城市环境质量；乡村改善区未来应注重改善生活服务设施条件，发展乡村旅游经济；农业生产区未来应以农业综合开发为主，重视保护生态环境；生态保护区未来应以保护生态为主，兼顾改善民生和发展生态经济。

因此，在生态国土建设背景下，襄阳市为系统地了解中国丘陵山区城市因城镇化和生态保护而产生的"三生空间"功能权衡提供了一个区域尺度的案例和新的途径，对我国丘陵山区城市协调三生空间的决策具有重要的参考价值。

9.2 研究不足与展望

第一，区域三生功能评价是一项复杂、综合的过程，指标的可获取性及其空间量化是三生功能评价的关键所在。本书从地块这一微观尺度出发，选取一系列与土地利用类型、部门和行业密切相关的多源、多尺度数据，通过一系列数学模型、空间分析技术，将其统一到格网单元上，实现了不同尺度的转换，并取得了良好效果。但是，不同的指标有各自的收集和计算方法，原始数据的来源多元化、多尺度性，使得评价指标在计算过程中必然会产生空间统计的不确定性和不充分性。在今后的研究工作中，利用高精度空间数据、较稳定的市场价格数据来处理不准确的指标信息显得十分必要。

国土空间功能繁杂多样，其分类是多功能评价的基础环节。本书基于当地发展的基本需求，将土地利用功能归为生产、生活和生态功能三大类，限于数据的获取性和功能价值的可量化性，仅选取了具有代表性的10项子功能进行空间量化和价值评价，对其他类型的功能，特别是对未来需求引致的潜在功能分析比较欠缺。今后对国土空间功能进行分类时应尽可能地兼顾特定研究的需求性，根据社会的发展适当调整功能分类体系及其评价指标。

第二，三生功能权衡是一个长期动态变化的过程，其演变固然是当地自然环境和人类需求相互作用的结果。但是，随着世界经济一体化的进程加快，区域间合作交流的不断深入，邻近区域，甚至全国、全球的经济发展需求对当地土地利用多功能的调整和发展具有潜移默化的重要作用。本书中三生功能权衡的影响机制洞察侧重于襄阳市本地经济社会发展需求，对"襄十随神"城市群协同发展和产业分工的推进对本区域土地利用功能变化的传导机制探讨不足。因此，区域外市场需求对当地三生功能权衡演变的影响应引起重视。此外，三生功能是土地利用系统提供的产品和服务，以满足人类社会发展需求，尝试从供需理论阐释不同社会发展阶段功能供给与人类需求的关系，以及两者在时序和空间尺度上是否匹配的阈值确定是本书需要深入探讨的方向。

第三，三生空间的功能利用与格局优化是土地利用功能研究实践应用的重要方向。本书通过分析格网单元内三生功能强弱关系，将原来的行政单元尺度推演至格网尺度，从而进行三生空间优化分区，并结合研究区的现实及未来发展需求，提出相应的优化方向。但是，对三生空间格局优化的未来预测不够充分，未来可尝试以生产-生活-生态功能协调发展为目标，对三生功能空间格局优化进行模拟预测研究，以更精确有效地推进主体功能区战略落实、发挥国土空间规划引领作用。

9.3　政策建议

三生空间优化是我国生态文明建设中的空间治理途径。丘陵山区三生空间优化调控机制与管理对策的相关研究，可为优化国土空间开发保护格局、完善国土空间治理模式提供重要借鉴。丘陵山区由于自然条件的限制，拥有较少的城市用地和耕地，而更多的是森林和草地，生态功能较高。丘陵山区面临着城镇化快速发展与生态保护迫切的生态国土建设要求，在城镇化、工业化和农业现代化的发展进程中，工业、农业和旅游产业将继续转型和发展。同时，交通、能源等基础设施将加快建设，这将极大地改变区域土地利用格局，加剧生产、生活和生态空间之间的竞争。因此，在城市发展和生态建设中，丘陵山区三生空间格局优化应注重合理规划空间利用，促进各功能空间的协调与融合，确保土地资源的可持续利用。

9.3.1 科学规划下进行分区管理

第一，科学规划三生功能区。在丘陵山区，要根据自然资源、生态环境和经济发展条件，明确丘陵山区不同区域的功能定位，精准划分生产、生活、生态三大功能空间，并明确其空间范围、保护要求和开发潜力，确保土地资源的高效利用和生态保护。首先，划定生态红线。严格划定生态保护红线区域，禁止任何破坏生态的开发活动。在生态红线区域内，重点保护森林、湿地、水源等重要生态资源。其次，优化生产区布局。根据丘陵山区的自然地理条件，划定适宜农业、林业、矿产资源开发等生产活动的区域，避免过度开发和不合理的土地使用。例如，鼓励在地形较为平缓的低山丘陵地带进行农业生产，在陡峭山区则应集中发展林业或进行生态修复。最后，合理规划生活区。根据区域人口密度和生活需求，合理规划山村和小城镇，避免过度城市化，确保生活区的生态环境和基础设施完善。综上所述，通过建立健全的土地管理制度，划定生态保护区域，禁止在生态红线内进行开发活动，合理确定生产区的产业布局，集中建设生活区，避免不合理的城市扩展与无序建设。

第二，分类管理各功能区。根据不同功能区的生态敏感性、生产需求和人口分布，建立多层次的分区管理体系，实行差异化管理。通过精细化分区管理，促进三生空间功能的协同发展，避免生产、生活与生态功能区之间的冲突。首先，对生态保护区实施严格的环境管控，禁止农业、工业等污染性和破坏性活动。加强生态恢复工程，恢复水土、森林等生态功能，确保生态系统的稳定性和生物多样性。其次，在生产区内，推动绿色农业、生态工业等低碳、环保产业发展。鼓励在生产区域内实施生态保护措施，在确保农业、林业等生产活动的同时，注重生态恢复和环境保护，如在农田和林地之间创建生态绿带、生态缓冲区等。通过精准农业和生态农业技术，提升生产效率并减少对环境的影响。同时，对于资源开采区，要严格按照环保要求实施矿产资源开采，并逐步引导资源枯竭的地区进行产业转型。最后，在生活区内，推动乡村振兴与基础设施建设，优化居住条件，提升公共服务水平。

同时，通过规划引导，合理布局居民生活区，避免过度开发和无序扩展，优先发展绿色、低碳型生活空间，如实施"绿色城市"和"低碳村庄"建设，提升生活空间的生态友好性，减少环境污染。

第三，建立动态调整机制。根据区域实际情况和发展变化，通过实时监控和数据分析，定期对空间规划进行评估，特别是对生态保护区的保护效果、生产区的产值效益等进行评估，必要时对功能区进行调整，确保空间规划能够适应经济、社会和生态环境的变化，做到"因地制宜"和"动态适应"。通过建立生态环境监测系统，实时监控土地使用、生态保护、生产活动等情况，对可能出现的环境问题进行及时预警与处理。

9.3.2 三产融合促进功能协调

首先，推动三生空间各自内部的产业集聚，提升功能共生性。在生产、生活或生态空间内，将生产、生活与生态功能合理划分并形成功能聚集区，推动资源的集中利用和产业的集聚效应。同时，通过合理的空间布局，使不同功能区之间能够形成有效的产业链条，促进三产的协同发展。比如，生产空间可通过建立以农业为基础的小城镇或农旅结合区，既满足居民的生产需求，又提供便利的生活条件。此外，在生产区内发展小型工业园区，推动农村地区的工业化进程，使工业生产活动紧密围绕农业进行。在生态保护区周围发展生态产业，如生态农业、森林旅游等，以生态保护为前提，同时发挥旅游、文化、健康等服务业的作用，促进区域经济的多元化发展。例如，可以在生态保护区周边发展生态农业体验、环境教育基地等项目，吸引游客并为当地居民提供绿色就业机会。

其次，加强三生空间之间的要素流动，增强功能互补性。利用空间上的合理衔接，推动各功能区之间的资源共享与生态补偿机制，增强区域的整体协调性，形成良性互动。例如，在生产区内推广生态农业、绿色产业园区等，通过产值与生态效益双重提升，既保障了农业生产的稳定性，又提升了生态环境质量。通过建立生态产品价值实现机制，为农民提供可持续的经济回报。在生活区与生产区之间建设绿色基础设施，避免两者之间的边界模糊，如生态廊道、绿色交通系统、水源保护区等，通过基础设施的连接促进区域内生态、生产、生活的协同发展。推动精准扶贫与生态修复同步进行，通过区域内的生态补偿机制，实现不同功能区之间的资源共享和利益平衡。鼓励生态保护区提供生态服务，为生产区与生活区的持续发展提供支持。同时，对生态保护区的保护者给予经济补偿或其他激励。例如，推动不同省份、县区之间在生态补偿、资源共享等方面的合作，优化资源配置，促进要素流动。推动技术、信息和知识在生产、生活和生态功能区之间的流动，增强各功能区的技术互补性，提升整体功能效能。

9.3.3 政府主导下鼓励多方参与

通过建立政府主导、多方参与的优化调控机制，实现三生空间的优化开发，可以促进经济社会的可持续发展，提高资源利用效率，保护生态环境，增进人民福祉。这需要政府在决策和实施过程中发挥领导作用，广泛汇聚社会共识，形成合力，共同推动国土空间的协调发展。

首先，政府应该制定综合的国土空间规划，明确生产空间、生活空间和生态空间的定位和发展重点。规划要充分考虑经济社会发展需求、资源环境承载能力和生态保护要求，确保三生空间的协调发展。政府在三生空间优化开发中起到主导作用，负责统筹规划、政策制定、资源调配和监督管理。政府的领导和支持是保障该机制有效运行的关键。建立健全的法律法规体系，为三生空间管理提供法律依据和制度保障。相关法律法规包括国土空间规划法、环境保护法、土地管理法等。政府应当将生态保护置于优先位置，确保生态环境的持续稳定。在开发中，要实施生态修复和补偿措施，保护生态系统的完整性和功能。政府可以采用经济手段来引导三生空间的优化开发。比如，通过税收政策、用地出让、环境补偿等激励措施来鼓励资源节约型、环境友好型的开发方式。政府应积极推动科技创新，利用先进技术手段来进行国土空间规划、监测和评估，以提高规划和决策的科学性和准确性。建立健全的奖惩机制，鼓励积极的开发行为，同时打击违规行为和破坏生态环境的行为。奖惩机制可以促进各方遵守规则，共同维护国土空间的可持续发展。由于不同地区的自然条件、资源禀赋和发展需求各异，政府应该允许一定程度的地方适应性。在总体规划框架下，鼓励地方根据实际情况进行差异化的优化开发。

其次，鼓励多方积极参与到国土空间规划中。除了政府部门外，居民、企业、社会组织、学术界等利益相关者也应该参与到三生空间优化的管理和决策中，共同推动合理的开发决策。政府在制定规划和决策时，要保持公开透明，通过举办座谈会、工作坊、发布资料和在线信息等方式及时向公众公布信息，征求意见和建议。公众可以通过透明的信息获得了解，发表意见和监督决策的过程。同时，要确保公众参与过程的多样性。应覆盖不同年龄、职业、文化背景的群体，重点关注原住民、外来务工人员、残障人士等传统参与渠道受限的群体，通过社区网格、行业协会等渠道建立分层参与体系，并结合数字化平台实现线上线下融合互动，为不同技术素养人群提供适切参与路径。综上所述，多方参与可以帮助凝聚共识，增强决策的科学性和可行性，将空间正义理念贯穿国土空间规划与治理的全过程。

参考文献

[1] 白中科，周伟，王金满，等．试论国土空间整体保护、系统修复与综合治理［J］．中国土地科学，2019，33（2）：1-11．

[2] 曹小曙．基于人地耦合系统的国土空间重塑［J］．自然资源学报，2019，34（10）：2051-2059．

[3] 陈从喜，马永欢，王楠，等．生态国土建设的科学内涵和基本框架［J］．资源科学，2018，40（6）：1130-1137．

[4] 陈鸿基，杨庆媛，彭立娴，苏康传，张浩哲，刘晓雨．三峡库区县域"三生空间"时空演变特征与情景模拟［J］．农业工程学报，2022，38（13）：285-294．

[5] 陈晋，卓莉，史培军．基于DMSP/OLS数据的中国城市化过程研究——反映区域城市化水平的灯光指数的构建［J］．遥感学报，2003，7（3）：168-175．

[6] 陈婧，史培军．土地利用功能分类探讨［J］．北京师范大学学报（自然科学版），2005，41（5）：536-540．

[7] 陈明星，周园，郭莎莎，等．新型城镇化研究的意义、目标与任务［J］．地球科学进展，2019，34（9）：974-983．

[8] 陈睿山，蔡运龙，严祥，等．土地系统功能及其可持续性评价［J］．中国土地科学，2011，25（1）：8-15．

[9] 陈心盟，王晓峰，冯晓明，张欣蓉，罗广祥．青藏高原生态系统服务权衡与协同关系［J］．地理研究，2021，40（1）：18-34．

[10] 陈星怡，杨子生．土地利用功能分区若干问题探讨——以云南德

宏州为例 [J]. 自然资源学报, 2012, 27 (5): 845-855.

[11] 程宪波, 陶宇, 欧维新. 江苏省乡村三生功能耦合协调时空变化特征分析 [J]. 长江流域资源与环境, 2022, 31 (1): 222-233.

[12] 崔家兴, 顾江, 孙建伟, 罗静. 湖北省三生空间格局演化特征分析 [J]. 中国土地科学, 2018, 32 (8): 67-73.

[13] 戴文远, 江方奇, 黄万里, 等. 基于"三生空间"的土地利用功能转型及生态服务价值研究——以福州新区为例 [J]. 自然资源学报, 2018, 33 (12): 2098-2109.

[14] 戴志勇. 以人为本　创新实干　努力推动城市高质量转型发展 [J]. 先锋, 2019 (4): 44-45.

[15] 党丽娟, 徐勇, 高雅. 土地利用功能分类及空间结构评价方法——以燕沟流域为例 [J]. 水土保持研究, 2014, 21 (5): 193-197+203.

[16] 翟香, 兰安军, 廖艳梅, 等. 基于生态安全格局的国土空间生态修复关键区域定量识别: 以贵州省为例 [J]. 水土保持研究, 2022, 29 (6): 322-329+343.

[17] 杜国明, 孙晓兵, 王介勇. 东北地区土地利用多功能性演化的时空格局 [J]. 地理科学进展, 2016, 35 (2): 232-244.

[18] 杜挺, 朱道林, 张立新, 等. 河南省耕地流转价格空间分异及形成机制分析 [J]. 农业工程学报, 2016, 32 (20): 250-258.

[19] 段建南, 刘思涵, 李萍, 等. 土地功能研究进展与方向的思考 [J]. 中国土地科学, 2020, 34 (1): 8-16.

[20] 樊杰. 地域功能-结构的空间组织途径——对国土空间规划实施主体功能区战略的讨论 [J]. 地理研究, 2019, 38 (10): 2373-2387.

[21] 樊杰, 王亚飞, 陈东, 等. 长江经济带国土空间开发结构解析 [J]. 地理科学进展, 2015, 34 (11): 1336-1344.

[22] 樊杰, 相伟. 区位论、空间结构与区域（空间）规划 [C]. 中国法学会经济法研究会, 2005: 10-16.

[23] 范业婷, 金晓斌, 项晓敏, 等. 江苏省土地利用功能变化及其空间格局特征 [J]. 地理研究, 2019, 38 (2): 383-398.

[24] 方创琳, 鲍超, 张传国. 干旱地区生态-生产-生活承载力变化情

势与演变情景分析［J］. 生态学报，2003（9）：1915-1923.

［25］方创琳，周成虎，顾朝林，等 . 特大城市群地区城镇化与生态环境交互耦合效应解析的理论框架及技术路径［J］. 地理学报，2016，71（4）：531-550.

［26］方方，何仁伟 . 农户行为视角下乡村三生空间演化特征与机理研究［J］. 学习与实践，2018（1）：101-110.

［27］冯浩源，石培基，周文霞，等 . 水资源管理"三条红线"约束下的城镇化水平阈值分析：以张掖市为例［J］. 自然资源学报，2018，33（2）：287-301.

［28］冯晓娟，雷国平，马泉来，等 . 1990—2020 年河南省黄淮海平原国土空间三生功能时空演变［J］. 水土保持通报，2022，42（4）：357-364.

［29］冯雪力，吴世新，陈红，等 . 新疆非耕地系数相似性类型区划分［J］. 地理科学进展，2010，29（3）：301-306.

［30］付晶莹，郜强，江东，等 . 黑土保护与粮食安全背景下齐齐哈尔市国土空间优化调控路径［J］. 地理学报，2022，77（7）：1662-1680.

［31］傅伯杰 . 国土空间生态修复亟待把握的几个要点［J］. 中国科学院院刊，2021，36（1）：64-69.

［32］高洁芝，郑华伟，刘友兆 . 基于熵权 TOPSIS 模型的土地利用多功能性诊断［J］. 长江流域资源与环境，2018，27（11）：2496-2504.

［33］巩杰，柳冬青，高秉丽，徐彩仙，李焱 . 西部山区流域生态系统服务权衡与协同关系：以甘肃白龙江流域为例［J］. 应用生态学报，2020，31（4）：1278-1288.

［34］顾朝林，曹根榕 . 论新时代国土空间规划技术创新［J］. 北京规划建设，2019（4）：64-70.

［35］侯利萍，何萍，范小杉，等 . 生态阈值确定方法综述［J］. 应用生态学报，2021，32（2）：711-718.

［36］胡恒，黄潘阳，张蒙蒙 . 基于陆海统筹的海岸带"三生空间"分区体系研究［J］. 海洋开发与管理，2020，37（5）：14-18.

［37］胡守庚，刘越岩，吴新群，等 . 鄂西北山区耕地压力动态变化特征及成因分析［J］. 长江流域资源与环境，2010，19（7）：765-769.

［38］扈万泰，王力国，舒沐晖．城乡规划编制中的"三生空间"划定思考［J］．城市规划，2016，40（5）：21-26+53.

［39］黄安，许月卿，卢龙辉，等．"生产-生活-生态"空间识别与优化研究进展［J］．地理科学进展，2020，39（3）：503-518.

［40］黄金川，方创琳．城市化与生态环境交互耦合机制与规律性分析［J］．地理研究，2003，22（2）：211-220.

［41］黄金川，林浩曦，漆潇潇．面向国土空间优化的三生空间研究进展［J］．地理科学进展，2017，36（3）：378-391.

［42］黄天能，张云兰．基于"三生空间"的土地利用功能演变及生态环境响应——以桂西资源富集区为例［J］．生态学报，2021，41（1）：348-359.

［43］黄贤金，陈逸，赵雲泰，等．黄河流域国土空间开发格局优化研究——基于国土开发强度视角［J］．地理研究，2021，40（6）：1554-1564.

［44］黄志基，贺灿飞，杨帆，等．中国环境规制、地理区位与企业生产率增长［J］．地理学报，2015，70（10）：1581-1591.

［45］冀正欣，刘超，许月卿，等．基于土地利用功能测度的"三生"空间识别与优化调控［J］．农业工程学报，2020，36（18）：222-231.

［46］江东，林刚，付晶莹．"三生空间"统筹的科学基础与优化途径探析［J］．自然资源学报，2021，36（5）：1085-1101.

［47］焦庚英，杨效忠，黄志强，等．县域"三生空间"格局与功能演变特征及可能影响因素分析——以江西婺源县为例［J］．自然资源学报，2021，36（5）：1252-1267.

［48］金贵，郭柏枢，成金华，等．基于资源效率的国土空间布局及支撑体系框架［J］．地理学报，2022，77（3）：534-546.

［49］金星星，陆玉麒，林金煌，等．闽三角城市群生产-生活-生态时空格局演化与功能测度［J］．生态学报，2018，38（12）：4286-4295.

［50］康庆，郭青霞，丁一，等．山西省 2005-2018 年"三生"功能的时空分异特征及其影响因素［J］．水土保持通报，2021，41（5）：327-337.

［51］孔冬艳，陈会广，吴孔森．中国"三生空间"演变特征、生态环境效应及其影响因素［J］．自然资源学报，2021，36（5）：1116-1135.

［52］李波，刘雪琪，梅倩，等．湖北省农地利用方式变化的碳效应特征与空间差异［J］．中国人口·资源与环境，2018，28（10）：62-70.

［53］李波，杨朝现，谢德体，等．山地丘陵区三生功能时空演变特征分析：以重庆市江津区为例［J］．水土保持研究，2021，28（4）：316-323.

［54］李代超，卢嘉奇，谢晓苇，等．碳中和视角下基于主体功能区分类约束的国土空间分区优化模拟：以福建省为例［J］．生态学报，2022，42（24）：10111-10126.

［55］李代魁，何萍，徐杰，等．我国生态系统生态阈值研究基础［J］．应用生态学报，2020，31（6）：2015-2028.

［56］李德胜，王占岐．基于生态安全的鄂西北山地丘陵区土地资源优化配置［J］．国土资源科技管理，2015，32（4）：23-29.

［57］李德一，张树文，吕学军，等．基于栅格的土地利用功能变化监测方法［J］．自然资源学报，2011，26（8）：1297-1305.

［58］李芬，甄霖，黄河清，等．土地利用功能变化与利益相关者受偿意愿及经济补偿研究：以鄱阳湖生态脆弱区为例［J］．资源科学，2009，31（4）：580-589.

［59］李峰，张晓博，廖顺宝，等．DMSP-OLS 与 NPP-VIIRS 夜间灯光数据测算统计指标能力评估：以京津冀地区县域 GDP、人口及能源消耗为例［J］．测绘通报，2020（9）：89-93.

［60］李广东，方创琳．城市生态-生产-生活空间功能定量识别与分析［J］．地理学报，2016（1）：49-65.

［61］李慧蕾，彭建，胡熠娜，等．基于生态系统服务簇的内蒙古自治区生态功能分区［J］．应用生态学报，2017，28（8）：2657-2666.

［62］李江苏，孙威，余建辉．黄河流域三生空间的演变与区域差异：基于资源型与非资源型城市的对比［J］．资源科学，2020，42（12）：2285-2299.

［63］李晶，李红艳，张良．关中-天水经济区生态系统服务权衡与协同关系［J］．生态学报，2016，36（10）：3053-3062.

［64］李科，毛德华，李健，等．湘江流域三生空间时空演变及格局分析［J］．湖南师范大学自然科学学报，2020，43（2）：9-19.

［65］李睿康，黄勇，李阳兵，等．三峡库区腹地土地功能演变及其驱动机制分析［J］．长江流域资源与环境，2018，27（3）：594-604.

［66］李双成，谢爱丽，吕春艳，等．土地生态系统服务研究进展及趋势展望［J］．中国土地科学，2018，32（12）：82-89.

［67］李双成，张才玉，刘金龙，等．生态系统服务权衡与协同研究进展及地理学研究议题［J］．地理研究，2013，32（8）：1379-1390.

［68］李欣，方斌，殷如梦，等．江苏省县域"三生"功能时空变化及协同/权衡关系［J］．自然资源学报，2019（11）：2363-2377.

［69］李焱，巩杰，戴睿，等．藏西南高原植被覆盖时空变化及其与气候因素和人类活动的关系［J］．地理科学，2022，42（5）：761-771.

［70］李媛洁，叶长盛，黄小兰．基于CLUE-S模型的南昌市三生空间时空演变及情景模拟研究［J］．水土保持研究，2021，28（5）：325-332.

［71］梁小英，顾铮鸣，雷敏，等．土地功能与土地利用表征土地系统和景观格局的差异研究：以陕西省蓝田县为例［J］．自然资源学报，2014，29（7）：1127-1135.

［72］廖燃，伍颖．基于新木桶理论的煤矿瓦斯爆炸控制体系研讨［J］．矿业安全与环保，2012，39（1）：83-85+6.

［73］林佳，宋戈，张莹．国土空间系统"三生"功能协同演化机制研究——以阜新市为例［J］．中国土地科学，2019，33（4）：9-17.

［74］林坚，赵晔．国家治理、国土空间规划与"央地"协同—兼论国土空间规划体系演变中的央地关系发展及趋向［J］．城市规划，2019，43（9）：20-23.

［75］林沛锋，郑荣宝，洪晓，等．基于FLUS模型的土地利用空间布局多情景模拟研究：以广州市花都区为例［J］．国土与自然资源研究，2019（2）：7-13.

［76］林树高，陆汝成，刘少坤，等．基于三生空间的广西边境地区土地利用格局及多功能演变［J］．农业工程学报，2021，37（5）：265-274.

［77］林伊琳，赵俊三，张萌，等．滇中城市群国土空间格局识别与时空演化特征分析［J］．农业机械学报，2019，50（8）：176-191.

［78］刘超，许月卿，卢新海．生态脆弱贫困区土地利用多功能权衡/协

同格局演变与优化分区：以张家口市为例［J］．经济地理，2021，41（1）：181-190.

［79］刘超，许月卿，孙丕苓，等．土地利用多功能性研究进展与展望［J］．地理科学进展，2016，35（9）：1087-1099.

［80］刘春芳，王奕璇，何瑞东，等．基于居民行为的三生空间识别与优化分析框架［J］．自然资源学报，2019，34（10）：2113-2122.

［81］刘纪远，匡文慧，张增祥，等．20世纪80年代末以来中国土地利用变化的基本特征与空间格局［J］．地理学报，2014，69（1）：3-14.

［82］刘继来，刘彦随，李裕瑞．中国"三生空间"分类评价与时空格局分析［J］．地理学报，2017，72（7）：1290-1304.

［83］刘鹏飞，孙斌栋．中国城市生产、生活、生态空间质量水平格局与相关因素分析［J］．地理研究，2020，39（1）：13-24.

［84］刘涛，张静．西北地区中小城市土地多功能利用研究：以甘肃省天水市为例［J］．宁夏师范学院学报（自然科学版），2013，34（3）：65-69.

［85］刘希朝，李效顺，陈鑫，等．江苏省城镇化与生态环境耦合测度及空间冲突诊断［J］．农业工程学报，2023，39（13）：238-248.

［86］刘宪锋，朱秀芳，潘耀忠，等．近53年内蒙古寒潮时空变化特征及其影响因素［J］．地理学报，2014，69（7）：1013-1024.

［87］刘彦随，刘玉，陈玉福．中国地域多功能性评价及其决策机制［J］．地理学报，2011，66（10）：1379-1389.

［88］刘彦随，杨忍，林元城．中国县域城镇化格局演化与优化路径［J］．地理学报，2022，77（12）：2937-2953.

［89］刘焱序，徐光，姜洪源，等．东北林区生态系统服务与健康协同分析［J］．地理科学进展，2015，34（6）：761-771.

［90］刘燕．论"三生空间"的逻辑结构、制衡机制和发展原则［J］．湖北社会科学，2016（3）：5-9.

［91］刘耀彬，李仁东，宋学锋．中国城市化与生态环境耦合度分析［J］．自然资源学报，2005（1）：105-112.

［92］刘愿理，廖和平，李涛，等．山区土地利用多功能时空分异特征及影响因素分析［J］．农业工程学报，2019，35（21）：271-279.

[93] 柳冬青，马学成，巩杰，李红瑛．流域"三生空间"功能识别及时空格局分析：以甘肃白龙江流域为例［J］．生态学杂志，2018，37（5）：1490-1497.

[94] 鲁春霞，谢高地，马蓓蓓，等．中国区域发展过程的空间多功能利用演变［J］．资源科学，2009，31（4）：531-538.

[95] 逯承鹏，纪薇，刘志良，等．黄河流域甘肃段县域"三生"功能空间时空格局及影响因素识别［J］．地理科学，2022，42（4）：579-588.

[96] 路昌，徐雪源，周美璇．中国三大城市群收缩城市三生功能耦合协调度分析［J］．世界地理研究，2023，32（3）：76-88.

[97] 马彩虹，安斯文，滑雨琪，李聪慧．宁夏沿黄经济带生态用地格局演变及其驱动机制［J］．经济地理，2022，42（6）：179-187.

[98] 马世发，黄宏源，蔡玉梅，等．基于三生功能优化的国土空间综合分区理论框架［J］．中国国土资源经济，2014，27（11）：31-34.

[99] 马晓冬，李鑫，胡睿，等．基于乡村多功能评价的城市边缘区三生空间划分研究［J］．地理科学进展，2019，38（9）：1382-1392.

[100] 马洋洋．普格县"三生"空间优化研究［D］．成都：四川师范大学硕士学位论文，2017.

[101] 蒙吉军，王祺，李枫，等．基于空间差异的黑河中游土地多功能利用研究［J］．地理研究，2019，38（2）：369-382.

[102] 蒙莉娜，郑新奇，赵璐，等．基于生态位适宜度模型的土地利用功能分区［J］．农业工程学报，2011，27（3）：282-287.

[103] 莫致良，杜震洪，张丰，等．基于可扩展多目标蚁群算法的土地利用优化配置［J］．浙江大学学报（理学版），2017，44（6）：649-659+674.

[104] 欧惠，戴文远，黄万里，等．基于"三生空间"的福建省城市综合承载力研究［J］．生态科学，2020，39（3）：71-79.

[105] 潘方杰，王宏志，王璐瑶．湖北省湖库洪水调蓄能力及其空间分异特征［J］．长江流域资源与环境，2018，27（8）：1892-1990.

[106] 彭建，胡晓旭，赵明月，等．生态系统服务权衡研究进展：从认知到决策［J］．地理学报，2017，72（6）：960-973.

［107］彭建，李冰，董建权，等．论国土空间生态修复基本逻辑［J］.
中国土地科学，2020，34（5）：18-26.

［108］祁琼，赖云，钟艾妮，等．襄阳市国土空间格局的功能分区及评
价研究［J］.地理空间信息，2020，18（4）：11-16.

［109］钱彩云，巩杰，张金茜，等．甘肃白龙江流域生态系统服务变化
及权衡与协同关系［J］.地理学报，2018，73（5）：868-879.

［110］任君，周伟，郭婧，等．青藏高寒山区土地利用多功能时空分异
特征及影响因素探讨：以青海省海东市为例［J］.中国土地科学，2021，35
（4）：90-100.

［111］单薇，金晓斌，冉娜，等．江苏省土地利用"生产-生活-生态"
功能变化与耦合特征分析［J］.长江流域资源与环境，2019，28（7）：
1541-1551.

［112］陕永杰，魏绍康，原卫利，等．长江三角洲城市群三生功能耦合
协调时空分异及其影响因素［J］.生态学报，2022，42（16）：6644-6655.

［113］申嘉澍，梁泽，刘来保，等．雄安新区生态系统服务簇权衡与协
同［J］.地理研究，2020，39（1）：79-91.

［114］时振钦，邓伟，张少尧．近25年横断山区国土空间格局与时空
变化研究［J］.地理研究，2018，37（3）：607-621.

［115］宋小青，李心怡．区域耕地利用功能转型的理论解释与实证
［J］.地理学报，2019，74（5）：992-1010.

［116］宋小青，欧阳竹．中国耕地多功能管理的实践路径探讨［J］.自
然资源学报，2012，27（4）：540-551.

［117］孙丕苓，许月卿，刘庆果，等．环京津贫困带土地利用多功能性
的县域尺度时空分异及影响因素［J］.农业工程学报，2017，33（15）：
283-291.

［118］孙绍骋．努力开创生态国土建设新境界［J］.中国土地，2017
（12）：4-7.

［119］汤放华，魏清泉，苏薇．"新木桶理论"与长株潭城市群的空间
整合［J］.经济地理，2008（5）：809-812.

［120］汤茜，丁圣彦．多功能景观研究进展［J］.生态学报，2014，34

（12）：3151-3157.

[121] 唐海萍，陈姣，薛海丽．生态阈值：概念、方法与研究展望[J]．植物生态学报，2015，39（9）：932-940.

[122] 唐红林，陈佳，常翔僖，等．政策变迁背景下干旱区乡村适应演化特征与农户生计响应：以甘肃省民勤县为例[J]．西北大学学报，2022，52（4）：628-642.

[123] 唐秀美，刘玉，任艳敏．基于格网尺度的密云水库区域"三生"空间功能测度与时空变化分析[J]．中国农业资源与区划，2021，42（5）：60-69.

[124] 陶慧，刘家明，罗奎，等．基于三生空间理念的旅游城镇化地区空间分区研究：以马洋溪生态旅游区为例[J]．人文地理，2016，31（2）：153-160.

[125] 佟斯琴，包玉海，张巧凤，等．基于像元二分法和强度分析方法的内蒙古植被覆盖度时空变化规律分析[J]．生态环境学报，2016，25（5）：737-743.

[126] 王成，唐宁．重庆市乡村三生空间功能耦合协调的时空特征与格局演化[J]．地理研究，2018，37（6）：1100-1114.

[127] 王枫，董玉祥．广州市土地利用多功能的空间差异及影响因素分析[J]．资源科学，2015，37（11）：2179-2192.

[128] 王枫，董玉祥．基于灰色关联投影法的土地利用多功能动态评价及障碍因子诊断：以广州市为例[J]．自然资源学报，2015，30（10）：1698-1713.

[129] 王海宾，邓华锋，程志楚，等．基于3S的森林植被面积空间抽样方法[J]．森林与环境学报，2015，35（1）：74-80.

[130] 王清扬，雷绪斌，周婧婧，等．县域土地利用多功能的演变及其影响因素：以湖南省为例[J]．经济地理，2022，42（9）：186-192.

[131] 王全喜，孙鹏举，刘学录，等．黄土丘陵沟壑区"三生"空间的功能权衡与协同时空格局分析：以武山县为例[J]．中国农业资源与区划，2020，41（11）：122-130.

[132] 王文卉，张建，胡智超．北京市平原乡镇地区土地利用三生功能

耦合协调特征 [J]. 北京工业大学学报, 2023 (10): 1-13.

[133] 王晓峰, 马雪, 冯晓明, 等. 重点脆弱生态区生态系统服务权衡与协同关系时空特征 [J]. 生态学报, 2019, 39 (20): 7344-7355.

[134] 王晓峰, 张兴, 王怡黄, 等. 黄土高原三生空间演变及驱动力分析 [J]. 安徽农业大学学报, 2022, 49 (1): 112-121.

[135] 王亚飞, 樊杰, 周侃. 基于"双评价"集成的国土空间地域功能优化分区 [J]. 地理研究, 2019, 38 (10): 2415-2429.

[136] 王一, 郝利娜, 许强, 等. 2001—2019 年黄土高原植被覆盖度时空演化特征及地理因子解析 [J]. 生态学报, 2023, 43 (6): 2397-2407.

[137] 王占韵, 邓伟, 张少尧, 等. 山区土地多功能性与过渡性地理空间关联分析: 以长宁县为例 [J]. 地理科学, 2022, 42 (6): 1091-1101.

[138] 韦军, 李晓丹, 马丽娅, 等. 陇中黄土丘陵区土地利用功能时空演变及影响因素 [J]. 水土保持研究, 2021, 28 (3): 194-202+215.

[139] 卫思夷, 居祥, 荀文会. 区域国土开发强度与资源环境承载力时空耦合关系研究: 以沈阳经济区为例 [J]. 中国土地科学, 2018, 32 (7): 58-65.

[140] 魏璐瑶, 陆玉麒, 马颖忆, 等. 江苏省乡村"三生"功能耦合协同测度及格局演化 [J]. 生态与农村环境学报, 2021, 37 (12): 1596-1608.

[141] 吴健生, 钟晓红, 彭建, 等. 基于生态系统服务簇的小尺度区域生态用地功能分类: 以重庆两江新区为例 [J]. 生态学报, 2015, 35 (11): 3808-3816.

[142] 吴艳娟, 杨艳昭, 杨玲, 等. 基于"三生空间"的城市国土空间开发建设适宜性评价——以宁波市为例 [J]. 资源科学, 2016, 38 (11): 2072-2081.

[143] 武联, 余侃华, 鱼晓惠, 等. 秦巴山区典型乡村"三生空间"振兴路径探究: 以商洛市花园村乡村振兴规划为例 [J]. 规划师, 2019, 35 (21): 45-51.

[144] 谢晓彤, 李效顺. 河南省"三生"功能时空演变特征及影响因素 [J]. 农业工程学报, 2021, 37 (22): 243-252.

［145］徐磊，董捷，李璐，等．基于功能分区视角的长江中游城市群国土空间特征及优化［J］．经济地理，2017，37（6）：76-83.

［146］许伟．"三生空间"的内涵、关系及其优化路径［J］．东岳论丛，2022，43（5）：126-134.

［147］杨帆，熊素文，雷婷，等．城镇化进程中洞庭湖区"三生空间"格局演变与驱动机制［J］．生态学报，2022，42（17）：7043-7055.

［148］杨俊，郭丽兰，李争．基于空间功能值的矿粮复合区三生空间重构［J］．农业工程学报，2018，34（24）：247-255.

［149］杨清可，段学军，王磊，等．基于"三生空间"的土地利用转型与生态环境效应：以长江三角洲核心区为例［J］．地理科学，2018，38（1）：97-106.

［150］杨婷婷，杨丹丽，孙建伟，等．喀斯特山区三生功能时空演变及驱动机制：以贵州省为例［J］．生态科学，2023，42（4）：215-224.

［151］叶静，关瑜，陈影．滨海盐碱区土地利用功能权衡与协同关系及分区：以河北省黄骅市为例［J］．应用生态学报，2023，34（2）：423-432.

［152］应弘，李阳兵．三峡库区腹地草堂溪小流域土地功能格局变化［J］．长江流域资源与环境，2017（2）：72-82.

［153］于立，曹曦东．城市环境治理理论研究及对中国城市发展适用性的思考［J］．城市发展研究，2019，26（4）：110-116.

［154］于倩茹，徐煖银，孙思琦，等．鄂西北地区土地利用格局及其生态系统服务价值的时空变化［J］．生态科学，2019，38（4）：119-128.

［155］于正松，程叶青，李小建，等．工业镇"生产-生活-生态"空间演化过程、动因与重构：以河南省曲沟镇为例［J］．地理科学，2020，40（4）：646-656.

［156］岳文泽，韦静娴，陈阳．国土空间开发适宜性评价的反思［J］．中国土地科学，2021，35（10）：1-10.

［157］曾荣，赵荣，梁勇．AHP-灰色关联度分析法的耕地质量评价——以湖北省襄阳市为例［J］．测绘科学，2018，43（8）：90-96.

［158］臧玉珠，刘彦随，杨园园．山区县域土地利用格局变化及其地形梯度效应——以井冈山市为例［J］．自然资源学报，2019，34（7）：1391-

1404.

[159] 张涵，李阳兵．城郊土地利用功能演变：以贵州省惠水县乡村旅游度假区好花红村为例［J］．地理科学进展，2020，39（12）：1999-2012.

[160] 张红旗，许尔琪，朱会义．中国"三生用地"分类及其空间格局［J］．资源科学，2015，37（7）：1332-1338.

[161] 张静静，朱文博，朱连奇，等．伏牛山地区森林生态系统服务权衡/协同效应多尺度分析［J］．地理学报，2020，75（5）：975-988.

[162] 张轲，魏伟，周婕，等．三江源地区"三区空间"时空演化及驱动机制分析（1992 — 2020 年）［J］．地球信息科学学报，2022，24（9）：1755-1770.

[163] 张琨，吕一河，傅伯杰，等．黄土高原植被覆盖变化对生态系统服务影响及其阈值［J］．地理学报，2020，75（5）：949-960.

[164] 张乐敏．青海省海晏县土地利用多功能评价［D］．北京：中国地质大学硕士学位论文，2012.

[165] 张路路，郑新奇，蔡玉梅．基于投影寻踪模型的湖南省土地多功能时空演变分析［J］.长江流域资源与环境，2018，27（8）：1754-1764.

[166] 张路路，郑新奇，孟超，等．湖南省土地多功能耦合协调度时空分异［J］.中国土地科学，2019，33（3）：85-94.

[167] 张露洋，雷国平，郭一洋．基于两维图论聚类的辽宁省土地利用多功能性分区［J］.农业工程学报，2020，36（13）：242-249.

[168] 张茂省，刘江，董英，等．国土空间优化中的关键地质要素分析与"双评价"方法［J］.地学前缘，2020，27（4）：311-321.

[169] 张晓琳，金晓斌，范业婷，等．1995-2015 年江苏省土地利用功能转型特征及其协调性分析［J］.自然资源学报，2019，34（4）：689-706.

[170] 张晓平，朱道林，许祖学．西藏土地利用多功能性评价［J］.农业工程学报，2014，30（6）：185-194.

[171] 张雄，王芳，张俊峰，等．长江中游城市群三生功能的空间关联性［J］.中国人口·资源与环境，2021，31（11）：110-122.

[172] 张一达，刘学录，范亚红，等．基于改进 TOPSIS 法的兰州市土地利用多功能性评价［J］.干旱区地理，2019，42（2）：444-451.

［173］张玉，王介勇，刘彦随．陕西秦巴山区地域功能转型与高质量发展路径［J］．自然资源学报，2021，36（10）：2464-2477．

［174］张云路，李雄，孙松林．基于"三生"空间协调的乡村空间适宜性评价与优化：以雄安新区北沙口乡为例［J］．城市发展研究，2019，26（1）：116-124．

［175］赵慧霞，吴绍洪，姜鲁光．生态阈值研究进展［J］．生态学报，2007（1）：338-345．

［176］赵丽，张贵军，朱永明，等．基于土地利用转型的土地多功能转变与特征分析：以河北省唐县为例［J］．中国土地科学，2017，31（6）：42-50．

［177］赵瑞，刘学敏．京津冀都市圈三生空间时空格局演变及其驱动力研究［J］．生态经济，2021，37（4）：201-208．

［178］赵旭，汤峰，张蓬涛，等．基于CLUE-S模型的县域生产-生活-生态空间冲突动态模拟及特征分析［J］．生态学报，2019，39（16）：5897-5908．

［179］甄霖，曹淑艳，魏云洁，等．土地空间多功能利用：理论框架及实证研究［J］．资源科学，2009，31（4）：544-551．

［180］甄霖，魏云洁，谢高地，等．中国土地利用多功能性动态的区域分析［J］．生态学报，2010（24）：6749-6761．

［181］郑思齐，万广华，孙伟增，等．公众诉求与城市环境治理［J］．管理世界，2013（6）：72-84．

［182］周宝同．土地资源可持续利用基本理论探讨［J］．西南师范大学学报（自然科学版），2004，29（2）：310-314．

［183］周鹏，邓伟，张少尧，等．太行山区国土空间格局演变特征及其驱动力［J］．山地学报，2020，38（2）：276-289．

［184］周伟，马书红．基于木桶理论的公路交通与经济发展适应性研究［J］．中国公路学报，2003（3）：78-83．

［185］朱俊杰．益阳市赫山区"三生用地"时空变化及其驱动因素［D］．长沙：湖南师范大学硕士学位论文，2021．

［186］朱琳，程久苗，金晶，等．三生用地结构的空间格局及影响因素

研究：基于 284 个城市面板数据 [J]. 中国农业资源与区划, 2018, 39 (8)：105-115.

[187] 朱琳, 黎磊, 刘素, 等. 大城市郊区村域土地利用功能演变及其对乡村振兴的启示：以成都市江家堰村为例 [J]. 地理研究, 2019, 38 (3)：535-549.

[188] 朱媛媛, 余斌, 曾菊新, 等. 国家限制开发区"生产-生活-生态"空间的优化——以湖北省五峰县为例 [J]. 经济地理, 2015, 35 (4)：26-32.

[189] 卓蓉蓉, 余斌, 曾菊新, 等. 中国重点农区乡村地域功能演变及其影响机理——以江汉平原为例 [J]. 地理科学进展, 2020, 39 (1)：56-68.

[190] 邹汉邦, 陈文波, 黄细华, 等. "三区"视角下滨湖县国土空间用途管制格局耦合协调性与机制分析 [J]. 江西农业大学学报, 2021, 43 (6)：1452-1462.

[191] 邹利林, 章丽君, 梁一凡, 等. 新时代国土空间功能的科学认知与研究框架 [J]. 自然资源学报, 2022, 37 (12)：3060-3072.

[192] 周侗, 王佳琳. 中原城市群乡村"三生"功能分区识别及调控路径 [J]. 地理科学, 2023, 43 (7)：1227-1238.

[193] Adam Y O, Pretzsch J, Darr D. Land use conflicts in central Sudan：Perception and local coping mechanisms [J]. Land Use Policy, 2015, 42：1-6.

[194] Appolloni L, Sandulli R, Vetrano G, et al. A new approach to assess marine opportunity costs and monetary values-in-use for spatial planning and conservation：the case study of Gulf of Naples, Mediterranean Sea, Italy [J]. Ocean & Coastal Management, 2018, 152：135-144.

[195] Arciniegas G, Janssen R. Spatial decision support for collaborative land use planning workshops [J]. Landscape & Urban Planning, 2012, 107 (3)：332-342.

[196] Aubry C, Ramamonjisoa J, Dabat M H, et al. Urban agriculture and land use in cities：An approach with the multifunctionality and sustainability concepts in the case of Antananarivo (Madagascar) [J]. Land Use Policy, 2012,

29 (2): 429-439.

[197] Awasthi A, Singh K, Singh R P. A concept of diverse perennial cropping systems for integrated bioenergy production and ecological restoration of marginal lands in India [J]. Ecological Engineering, 2017, 105: 58-65.

[198] Barbier E B, Koch E W, Silliman B R, et al. Coastal ecosystem-based management with nonlinear ecological functions and values [J]. Science, 2008, 319: 321-323.

[199] Bennett E M, Peterson G D, Gordon L J. Understanding relationships among multiple ecosystem services [J]. Ecology Letters, 2009, 12 (12): 1394-1404.

[200] Bernard A B, Redding S J, Schott P K. Comparative advantage and heterogeneous firms [J]. Review of Economic Studies, 2007, 74 (3): 31-66.

[201] Bestelmeyer B T. Threshold concepts and their use in rangeland management and restoration: The good, the bad, and the insidious [J]. Restoration Ecology, 2006, 14 (3): 325-329.

[202] Boyd J, Banzhaf S. What are ecosystem services? The need for standardized environmental accounting units [J]. Ecological Economics, 2007, 63: 616-626.

[203] Bradford J B, D'Amato A W. Recognizing trade-offs in multi-objective land management [J]. Frontiers in Ecology and the Environment, 2012, 10 (4): 210-216.

[204] Byers J E, Cuddington K, Jones C G, et al. Using ecosystem engineers to restore ecological systems [J]. Trends in Ecology & Evolution, 2006, 21 (9): 493-500.

[205] Callo-Concha D, Denich M. A participatory framework to assess multifunctional land-use systems with multicriteria and multivariate analyses: A case study on agrobiodiversity of agroforestry systems in Tome Acu, Brazil [J]. Change and Adaptation in Socio-ecological Systems, 2014, 1 (1): 40-50.

[206] Costanza R, D'Arge R, de Groot R S, et al. The value of the world's ecosystem services and natural capital [J]. Nature, 1997, 387: 253-

260.

[207] Daily G C. Natures services: Societal dependence on natural ecosystem [M]. Washington DC: Island Press, 1997.

[208] Daniel T C, Muhar A, Arnberger A, et al. Contributions of cultural services to the ecosystem services agenda [J]. Proceedings of the National Academy of Sciences of the United States of America, 2012, 109 (23): 8812-8819.

[209] Deng X Z, Huang J, Rozelle S, et al. Cultivated land conversion and potential agricultural productivity in China [J]. Land Use Policy, 2006, 23 (4): 372-384.

[210] Elhorst J P . Unconditional maximum likelihood estimation of dynamic models for spatial panels [J]. Research Report, 2005, 37 (1): 85-106.

[211] Fan Y T, Gan L, Hong C Q, et al. Spatial identification and determinants of trade-offs among multiple land use functions in Jiangsu Province, China [J]. Science of the Total Environment, 2021, 772: 145022.

[212] Felipe-Lucia M R, Soliveres S, Penone C, et al. Multiple forest attributes underpin the supply of multiple ecosystem services [J]. Nature Communications, 2018, 9 (1): 4839.

[213] Feng Z, Peng J, Wu J S. Using DMSP/OLS nighttime light data and Kmeans method to identify urban-rural fringe of megacities [J]. Habitat International, 2020, 103: 102227.

[214] Field C B, Behrenfeld M J, Randerson J T. Primary production of the biosphere: Integrating terrestrial and oceanic components [J]. Science, 1998 (281): 237-240.

[215] Fisher B, Turner R K. Ecosystem services: Classification for valuation [J]. Biological Conservation, 2008, 141 (5): 1167-1169.

[216] Fleskens L, Duarte F, Eicher I. A conceptual framework for the assessment of multiple functions of agro-ecosystems: A case study of trás-os-montes olive groves [J]. Journal of Rural Studies, 2009, 25 (1): 141-155.

[217] Fuseini I, Kemp J. A review of spatial planning in Ghana's socio-economic development trajectory: A sustainable development perspective [J].

Land Use Policy, 2015, 47: 309-320.

[218] Gadjiev A D, Aral A, Aliev I A. On behaviour of the Riesz and generalized Riesz potentials as order tends to zero [J]. Mathematical Inequalities and Applications, 2006, 10 (4): 875-888.

[219] Gallopín G C. Linkages between vulnerability, resilience, and adaptive capacity [J]. Global Environmental Change, 2006, 16 (3): 293-303.

[220] Global Land Project (GLP). Global land project: Science plan and implementation strategy [R]. Stockholm, Sweden: IGBP Secretariat, 2005.

[221] Groot R S, Wilson M A, Boumans R M J. A typology for the classification, description and valuation of ecosystem functions, goods and services [J]. Ecological Economics, 2002, 41 (3): 393-408.

[222] Groot R S. Function-analysis and valuation as a tool to assess land use conflicts in planning for sustainable, multi-functional landscapes [J]. Landscape and Urban Planning, 2006, 75 (3-4): 175-186.

[223] Groot R S. Functions of nature: Evaluation of nature in environmental planning, management and decision making [M]. Groningen: Wolters-Noordhoff, 1992.

[224] Guo B, Luo W, Zang W. Spatial-temporal shifts of ecological vulnerability of Karst Mountain ecosystem-impacts of global change and anthropogenic interference [J]. Science of the Total Environment, 2020, 741: 140256.

[225] Haase G, Richter H. Current trends in landscape research [J]. Geo Journal, 1983, 7 (2): 107-119.

[226] Hao Y, Zheng S Q, Zhao M Y, et al. Reexamining the relationships among urbanization, industrial structure, and environmental pollution in China: New evidence using the dynamic threshold panel model [J]. Energy Reports, 2020, 6: 28-39.

[227] Hediger W. Weak and strong sustainability, environmental conservation and economic growth [J]. Natural Resource Modeling, 2006, 19 (3): 359-394.

[228] Hein L, de Groot R S. Analysis of landscape functions: Typology and

sustainability indicators [Z]. Internal M3 SENSOR Document, 2005.

[229] Hein L, Koppen K V, Groot R S D, et al. Spatial scales, stakeholders and the valuation of ecosystem services [J]. Ecological Economics, 2006, 57 (2): 209-228.

[230] Helming K, Tscherning K, König B, et al. Ex ante impact assessment of land use changes in European regions: The sensor approach [C]//Helming K, Pérez-Soba M, Tabbush P (Eds.). Sustainability impact assessment of land use changes. Berlin & Heidelberg: Springer, 2008: 77-105.

[231] He W K, Li X S, Yang J, et al. How land use functions evolve in the process of rapid urbanization: Evidence from Jiangsu Province, China [J]. Journal of Cleaner Production, 2022, 380 (1): 134-877.

[232] Hong T, Yu N, Mao Z, et al. Government-driven urbanisation and its impact on regional economic growth in China [J]. Cities, 2021, 117:103299.

[233] Huang L, Shao Q Q, Liu J Y. Forest restoration to achieve both ecological and economic progress, Poyang Lake Basin, China [J]. Ecological Engineering, 2012, 44: 53-60.

[234] Hunt D E, David L A, Gevers D, et al. Resource partitioning and sympatric differentiation among closely related bacterioplankton [J]. Science, 2008, 320 (5879): 1081-1085.

[235] Hu T, Mao Y, Liu W, et al. Fate of PM2. 5-bound PAHs in Xiangyang, central China during 2018 Chinese spring festival: Influence of fireworks burning and air-mass transport [J]. Journal of Environmental Sciences, 2020, 97: 1-10.

[236] Hu X F, Qian Y G, Pickett S T A, et al. Urban mapping needs up-to-date approaches to provide diverse perspectives of current urbanization: A novel attempt to map urban areas with nighttime light data [J]. Landscape and Urban Planning, 2020, 195: 103709.

[237] Ji Z X, Liu C, Xu Y Q, et al. Quantitative identification and the evolution characteristics of production-living-ecological space in the mountainous area: From the perspective of multifunctional land [J]. Journal of Geographical

Sciences, 2023, 33 (4): 779-800.

[238] Kates R W, Clark W C, Corell R, et al. Environment and development [J]. Science, 2001, 292: 641-642.

[239] Katharine N S, Richard J H. Threshold models in restoration and conservation: A developing framework [J]. Trends in Ecology and Evolution, 2008, 24 (5): 271-279.

[240] Kopeva D, Peneva M, Madjarova S. Multifunctional land use: Is it a key factor for rural development [C]//118th EAAE seminar: Rural development: Governance, policy design and delivery. Ljubljana, Slovenia: EAAE, 2010: 25-27.

[241] König H J, Podhora A, Helming K, et al. Confronting international research topics with stakeholders on multifunctional land use: The case of Inner Mongolia, China [J]. iForest-Biogeosciences and Forestry, 2014, 7 (6): 403-413.

[242] Lesage J P, Pace R K. Introduction to spatial econometrics. CRC press, boca raton, FL [M]. New York: CRC Press, 2009.

[243] Lester S, Costello C, Halpern B, et al. Evaluating tradeoffs among ecosystem services to inform marine spatial planning [J]. Marine Policy, 2013, 38 (3): 80-89.

[244] Li J S, Sun W, Li M Y, et al. Coupling coordination degree of production, living and ecological spaces and its influencing factors in the Yellow River basin [J]. Journal of Cleaner Production, 2021, 298: 126803.

[245] Lin G, Jiang D, Fu J, et al. Spatial conflict of production-Living-ecological space and sustainable-development scenario simulation in Yangtze River delta agglomerations [J]. Sustainability, 2020, 12 (6): 2175.

[246] Lin L L, Gao T, Luo M, et al. Contribution of urbanization to the changes in extreme climate events in urban agglomerations across China [J]. Science of the Total Environment, 2020, 744: 140264.

[247] Lin X J, Xu M, Cao C X, et al. Land-Use/Land-Cover changes and their influence on the ecosystem in Chengdu City, China during the period of

1992-2018 [J]. Sustainability, 2018, 10 (10): 3580.

[248] Li S N, Zhu C M, Li Y J, et al. Agricultural space function transitions in rapidly urbanizing areas and their impacts on habitat quality: An urban-Rural gradient study [J]. Environmental Impact Assessment Review, 2023: 99.

[249] Liu C, Xu Y Q, Huang A, et al. Spatial identification of land use multifunctionality at grid scale in farming-pastoral area: A case study of Zhangjiakou City, China [J]. Habitat International, 2018, 76: 48-61.

[250] Liu C, Xu Y Q, Lu X H, et al. Trade-offs and driving forces of land use functions in ecologically fragile areas of northern Hebei Province: Spatiotemporal analysis [J]. Land Use Policy, 2021, 104: 105387.

[251] Liu H, Li S B, Zuo X Y. Spatiotemporal differentiation of coupling and coordination relationship of production-living-ecological space in Yellow River Basin [J]. Ecological Economy, 2022, 18 (3): 19.

[252] Liu Y, Liu X, Zhao C, et al. The trade-offs and synergies of the ecological-production-living functions of grassland in the Qilian Mountains by ecological priority [J]. Journal of Environmental Management, 2023, 327: 116883.

[253] Liu Y S, Fang F, Li Y H. Key issues of land use in China and implications for policy making [J]. Land Use Policy, 2014, 40 (9): 6-12.

[254] Li X, Fang B, Yin R, et al. Spatial-temporal change and collaboration/trade-off relationship of "production-living-ecological" functions in county area of Jiangsu province [J]. Natural Resources, 2019, 34 (11): 2363-2377.

[255] Lu N, Fu B J, Jin T T, et al. Trade-off analyses of multiple ecosystem services by plantations along a precipitation gradient across Loess Plateau landscapes [J]. Landscape Ecology, 2014, 29 (10): 1697-1708.

[256] Maldonado A M F. ICT and spatial planning in European cities: Reviewing the new charter of athens [J]. Built Environment, 2012, 38 (4): 469-483.

[257] Mastrangelo M E, Weyland F, Villarino S H, et al. Concepts and methods for landscape multifunctionality and a unifying framework based on ecosystem services [J]. Landscape Ecology, 2014, 29 (2): 345-358.

[258] Mcvicar T R, Niel T G V, Li L T, et al. Parsimoniously modelling perennial vegetation suitability and identifying priority areas to support China's re-vegetation program in the Loess Plateau: Matching model complexity to data availability [J]. Forest Ecology and Management, 2010, 259 (7): 1277-1290.

[259] MEA (Millennium Ecosystem Assessment). Ecosystems and human well-being: A framework for assessment [M]. Washington DC: Island Press, 2003.

[260] Meng J J, Cheng H R, Li F, et al. Spatial-temporal trade-offs of land multi-functionality and function zoning at finer township scale in the middle reaches of the Heihe River [J]. Land Use Policy, 2022, 115: 106019.

[261] Meyer B C, Torsten W, Ralf G. A multifunctional assessment method for compromise optimization of linear landscape elements [J]. Ecological Indicators, 2012, 22: 53-63.

[262] Ouyang X, Tang L S, Wei X, et al. Spatial interaction between urbanization and ecosystem services in Chinese urban agglomerations [J]. Land Use Policy, 2021, 109: 105587.

[263] Paracchini M L, Pacini C, Jones M L M, et al. An aggregation framework to link indicators associated with multifunctional land use to the stakeholder evaluation of policy options [J]. Ecological Indicator, 2011, 11: 71-80.

[264] Peng J, Chen X, Liu Y X, et al. Spatial identification of multifunctional landscapes and associated influencing factors in the Beijing-Tianjin-Hebei region, China [J]. Applied Geography, 2016, 74: 170-181.

[265] Peng J, Tian L, Liu Y X, et al. Ecosystem services response to urbanization in metropolitan areas: Thresholds identification [J]. Science of the Total Environment, 2017, 607: 706-714.

[266] Pérez-Soba M, Petit S, Jones M L M, et al. Land use functions-A multifunctionality approach to assess the impact of land use change on land use sustainability [J]. Sustainability Impact Assessment of Land Use Changes, 2008: 375-404.

[267] Qiu J X, Turner M G. Spatial interactions among ecosystem services in an urbanizing agricultural watershed [J]. Proceedings of the National Academy

of Sciences of the United States of America, 2013, 110 (29): 12149-12154.

[268] Quintas-Soriano C, Castro A J, Llorente M G. Analysis of land uses, ecosystem services, and human wellbeing in arid social-ecological systems of the Iberian Peninsula [D]. Doctoral Thesis, 2016.

[269] Romanelli J P, Fujimoto J T, Ferreira M D, et al. Assessing ecological restoration as a research topic using bibliometric indicators [J]. Ecological Engineering, 2018, 120: 311-320.

[270] Saaty T L. The analytic hierarchy process [M]. New York: Mcgraw Hill, 1980.

[271] Schirpke U, Candiago S, Vigl L E, et al. Integrating supply, flow and demand to enhance the understanding of interactions among multiple ecosystem services [J]. Science of the Total Environment, 2019, 651: 928-941.

[272] Seto K C, Golden J S, Alberti M, et al. Sustainability in an urbanizing planet [J]. PNAS, 2017, 114 (34): 8935-8938.

[273] Song X P, Hansen M C, Stehman S V, et al. Global land change from 1982 to 2016 [J]. Nature, 2018, 560 (7720): 639-643.

[274] Verburg P H, Overmars K P. Combining top-down and bottom-up dynamics in land use modeling: Exploring the future of abandoned farmlands in Europe with the Dyna-CLUE model [J]. Landscape Ecology, 2009, 24 (9): 1167-1181.

[275] Verburg P H, van de Steeg J, Veldkamp A, et al. From land cover change to land function dynamics: A major challenge to improve land characterization [J]. Journal of Environmental Management, 2009, 90 (3): 1327-1335.

[276] Vereijken P H. Multifunctionality: Applying the OECD framework, a review of literature in the Netherlands [R]. Paris, France: OECD, 2001: 27.

[277] Wallace K J. Classification of ecosystem services: Problems and solutions [J]. Biological Conservation, 2007, 139: 235-246.

[278] Wang C, Zhen L. A comparative assessment of land use functions based on perceptions of policy makers and local farmers in Guyuan, western China [J]. Journal of Resources and Ecology, 2017, 8 (3): 232-241.

［279］Wang S J, Li G D, Fang C L. Urbanization, economic growth, energy consumption, and CO$_2$ emissions: Empirical evidence from countries with different income levels ［J］. Renewable and Sustainable Energy Reviews, 2018, 81: 2144-2159.

［280］Wang Y, Fang C, Wang Z . The study on comprehensive evaluation and urbanization division at county level in China ［J］. Geographical Research, 2012, 31 (7): 1305-1316.

［281］Wei C, Lin Q W, Yu L, et al. Research on sustainable land use based on production-living-ecological function: A case study of Hubei Province, China ［J］. Sustainability, 2021, 13 (2): 996.

［282］Wiggering H, Dalchow C, Glemnitz M, et al. Indicators for multifunctional land use: Linking socio-economic requirements with landscape potentials ［J］. Ecological Indicators, 2006, 6 (1): 238-249.

［283］Willemen L, Verburg P H, Hein L, et al. Spatial characterization of landscape functions ［J］. Landscape and Urban Planning, 2008, 88 (1): 34-43.

［284］Wu B Q, Wang J B, Qi S H, Wang S Q, Li Y N. Review of methods to quantify trade-offs among ecosystem services and future model developments ［J］. Journal of Resources and Ecology, 2019, 10 (2): 225-233.

［285］Wu J S, Feng Z, Gao Y, et al. Hotspot and relationship identification in multiple landscape services: A case study on an area with intensive human activities ［J］. Ecological Indicators, 2013, 29: 529-537.

［286］Xie G D, Zhen L, Zhang C X, et al. Assessing the multifunctionalities of land use in China ［J］. Journal of Resources and Ecology, 2010, 1 (4): 311-318.

［287］Xing L, Zhu Y M, Wang J P. Spatial spillover effects of urbanization on ecosystem services value in Chinese cities ［J］. Ecological Indicators, 2021, 121: 107028.

［288］Yang Y, Wu J G, Wang Y, et al. Quantifying spatiotemporal patterns of shrinking cities in urbanizing China: A novel approach based on time-series nighttime light data ［J］. Cities, 2021, 118: 103346.

［289］Yang Z, Zhang X, Lei J, et al. Spatio-temporal pattern characteristics of relationship between urbanization and economic development at county level in China ［J］. Chinese Geographical Science, 2019, 29: 553-567.

［290］Yu B. Ecological effects of new-type urbanization in China ［J］. Renewable and Sustainable Energy Reviews, 2021, 135: 110239.

［291］Yu S H, Deng W, Xu Y X, et al. Evaluation of the production-living-ecology space function suitability of Pingshan County in the Taihang mountainous area, China ［J］. Journal of Mountain Science, 2020, 17 （10）: 2562-2576.

［292］Zhang Y, Long H, Tu S, et al. Spatial identification of land use functions and their tradeoffs/synergies in China: Implications for sustainable land management ［J］. Ecological Indicators, 2019, 107 （12）: 105550-105551.

［293］Zhang Z M, Peng J, Xu Z H, et al. Ecosystem services supply and demand response to urbanization: A case study of the Pearl River Delta, China ［J］. Ecosystem Services, 2021, 49: 101274.

［294］Zhou L, Wang S, Chi Y, et al. Drought impacts on vegetation indices and productivity of terrestrial ecosystems in southwestern China during 2001-2012 ［J］. Chinese Geographical Science, 2018, 28 （5）: 784-796.

［295］Zou L, Liu Y, Yang J, et al. Quantitative identification and spatial analysis of land use ecological-production-living functions in rural areas on China's southeast coast ［J］. Habitat International, 2020, 100: 102182.

［296］Zou L L, Liu Y S, Wang J Y, et al. An analysis of land use conflict potentials based on ecological-production-living function in the southeast coastal area of China ［J］. Ecological Indicators, 2021, 122: 107297.